Collection **marabout service**

D1322539

Robert Van Loo

L'indispensable pour
MACINTOSH

Remerciements

à Apple Computer, pour avoir construit le Macintosh,

à Next Inc., pour avoir écrit le logiciel Write Now,

au Mac Plus n°F508W65M0001WP construit par Apple sur lequel a tourné le Write Now écrit par Next qui a servi à réaliser ce livre,

à la LaserWriter NTX construite par Apple et mise à notre disposition par Synergy pour tirer les épreuves dudit livre,

à Virga pour sa longue patience.

Table des matières

Avant-propos

Il y a trente ans que l'on parle de cerveaux électroniques, de langages, de bandes perforées, de Fortran, de Cobol, de bandes magnétiques ... Au départ obscurs soutiers pelletant des monceaux de cartes dans de grands chaudrons électroniques, les informaticiens ressemblent plus aujourd'hui aux grands prêtres d'une religion nouvelle. Cette informatique confinée lors de ses débuts à quelques applications bien précises devient tellement envahissante qu'un peu partout des parlementaires discutent gravement des limites à lui imposer.

Bref, en un mot comme en cent, la *science du traitement automatique de l'information* affiche vigueur et santé.

Mais cette maturation ne s'est pas faite sans évolution. Le vocable ordinateur, néologisme datant de 1956, désignait un type de machine relativement précis il y a quelque vingt ans : ce n'est plus le cas. On distingue à présent les mainframes, les super-calculateurs, les minis, les stations de travail, les micros, les pocket Basic, et la liste est loin d'être exhaustive.

Ce qui nous intéressera principalement dans le présent ouvrage est le rejeton le plus remuant de la famille, qui a pour nom *micro-ordinateur*.

Ce n'est plus un bébé. Il a largement dépassé l'âge de raison, puisqu'il a fait son apparition il y a une dizaine d'années, notamment sous la forme d'ordinateur familial. A l'époque il faut bien dire que les constructeurs de gros, de "vrais" ordinateurs en souriaient gentiment : jolis ces joujoux, mais pas plus que des joujoux.

Les choses ont bien changé: rares sont ceux qui échappent à la micromania, et les grosses bécanes, les mainframes, ont vu leur part de marché en diminuer sérieusement.

La micro-informatique est-elle pour autant une discipline arrivée, stabilisée ? Certainement pas.

Comme chacun sait, une machine lancée il y a cinq ans et baptisée Personal Computer a imposé une certaine façon d'envisager la micro. Non pas que le produit fût original: en fait il ne l'était vraiment pas. Mais tenu sur les fonds baptismaux par le n°1 mondial, il s'est taillé une place de choix grâce à une très bonne raison : celle du plus fort. Il en est sorti une norme de fait, qui eut des effets bénéfiques, mais aussi des conséquences néfastes.

Le positif fut une véritable explosion logicielle : les concepteurs, assurés de travailler sur une machine à durée de vie raisonnable, ont laissé libre cours à leur imagination. Cela prouve au moins qu'en la matière cette dernière n'a pas de limites visibles. Mais il n'empêche que la voie tracée par le phénomène PC apparaît comme un cul-de-sac, même à ceux qui l'ont ouverte.

La raison en est sans doute que le PC est conçu, grosso modo, comme un modèle réduit de mainframe, aussi bien du côté matériel que sur le plan du système opératoire. C'est un peu comme si l'on concevait une voiture comme la réduction à l'échelle d'un camion.

Mais en 1984, en plein déferlement PC-et-compatibles, un autre micro entrait en scène: Mr. **Macintosh**, fils spirituel de Mlle **Lisa**, elle-même conçue des oeuvres d'**Apple Computer**.

A première vue c'était un coup de folie : oser lancer une machine non compatible, totalement hors des sentiers battus, alors que dans l'esprit du grand public ordinateur commençait à rimer avec PC ! Et pourtant, de cette lutte entre adversaires démesurément inégaux il est clair que **Mac** est sorti vainqueur, au moins moral.

En effet :

- Son système opératoire, fait de souris, d'icônes, de menus déroulants, de fenêtres est imité tous azimuts. Le fait est attesté notamment par les successeurs du PC (qui par ailleurs risquent d'être de moins en moins compatibles avec le glorieux parent).

- Sa présentation graphique s'impose progressivement à l'écran alphanumérique. Il en résulte, et l'on ne s'en plaindra certes pas, des présentations agréables à regarder, et des instructions d'emploi suffisamment imagées pour être comprises sans passer par des modes d'emploi de plusieurs centaines de pages.

- Il vit en parfaite symbiose avec la **LaserWriter**. Ce n'est plus vraiment une imprimante que cet engin-là, mais plutôt un ordinateur à part, chargé de traiter des informations graphiques et d'en faire des pages d'une qualité proche de la typographie. Depuis sa sortie, des dizaines de constructeurs ont découvert les vertus du laser appliqué à l'impression.

- Cette imprimante-ordinateur a imposé une autre idée : ce qu'on lui envoie n'est plus une page toute prête à l'impression, mais bien la description d'une page. Le langage utilisé pour ce faire est appelé **PostScript**, et est de plus en plus largement adopté, y compris par les imprimeurs.

- Macintosh, LaserWriter et PostScript, ce trio a litté-ralement inventé une nouvelle branche de l'infor-matique : le *Desktop Publishing*, ou **P**ublication **A**ssistée par **O**rdinateur. Le monde de la micro clame avec un bel ensemble que ce nouveau créneau est particulièrement prometteur.

Arrêtons là l'énumération, pour en conclure que si des normes commencent à s'imposer, ce ne sont pas du tout celles que l'on croyait. En fait, cela n'a rien d'étonnant : les normes matérielles sont rapidement dépassées par l'évolution technologique ; ce qui peut durer par con-tre, ce sont les **bonnes idées**. Celles mises en oeuvre dans le Macintosh devaient l'être, puisque tout le monde ou presque s'en inspire.

Mais la source n'est pas tarie, et le petit Mac a bien

grandi. Sa dernière version, le SE, a pris tellement de muscles et de cervelle que l'ancêtre, celui à 128K, fait un peu pitié.

Il reste qu'une famille a été fondée. Et si le Mac 512K, dit Fat Mac, le Mac Plus et le Mac SE sont les descendants de la première génération, un petit-fils vient de faire un entrée remarquée dans le vaste monde de la micro : il s'appelle **Mac II**, en toute modestie. Il applique lui aussi quelques idées neuves, notamment du côté de l'affichage, et sa puissance est telle qu'il déborde assez nettement du domaine de la micro-informatique, sans pour autant renier ses origines.

Nous allons parler longuement de tout cela dans les pages qui suivent, mais s'il fallait résumer en quelques mots ce qui fait la force et le succès de la famille Macintosh, nous dirions ceci : *point n'est besoin d'être informaticien pour l'utiliser.*

Pas originale, cette idée ? Peut-être. Il a cependant fallu attendre longtemps pour la voir émerger, et elle fait à présent le bonheur de centaines de milliers d'utilisateurs, qui trouvent en Mac un compagnon de travail s'exprimant sans mystères, de manière joliment imagée, et dont les ressources sont quasiment inépuisables.

Ouvrons les boîtes

Le premier bal, le premier vélocipède, le premier chocolat ou, comme pour Picsou, l'oncle richissime de Donald Duck, le premier $dollar : chaque époque engendre d'émouvantes nostalgies. Pour la nôtre, l'album de famille contiendra sans doute un autre souvenir marquant : *le premier ordinateur*.

Le fait est déjà un événement en soi ; personne n'aurait osé imaginer il y a quelque trente ans que ces engins monstrueux, absorbant autant d'énergie qu'une ville de moyenne importance, consacrés par leurs constructeurs à d'austères travaux, comme la résolution d'équations différentielles ou la gestion d'institutions financières, se trouveraient un jour, sous forme miniaturisée il est vrai, dans la hotte du Père Noël.

Bien sûr, il ne s'agit que de *micro-ordinateurs*, mais leur puissance de traitement est largement supérieure à celle des monstres susnommés, avec une qualité supplémentaire, dont l'importance n'échappera à personne : ils sont faciles à utiliser.

Dans les pages qui vont suivre, nous imaginerons, amie lectrice, ami lecteur, que le père à la barbe blanche a déjà déposé un micro dans votre cheminée, ou alors que cet heureux événement est sur le point de s'accomplir. Et comme de juste, nous supposerons que votre choix s'est porté sur un membre de la famille **Macintosh**, comme le *Plus*, le *SE*, ou même le *Mac II*, dont nous évoquerons les particularités plus loin.

Il faut dire que dans un premier temps rien ne se passe de très spectaculaire : vous achetez des boîtes en carton bourrées de polystyrène, exactement comme s'il s'agissait de quelconques appareils électro-ménagers. Faisons les choses ensemble, déballons le tout, boîte par boîte.

Les parties d'un Macintosh

Tout d'abord nous trouvons le Mac proprement dit, l'appareil muni d'un écran. C'est là que réside toute l'intelligence de notre héros, et vous découvrirez bientôt que le terme *intelligence* n'est pas galvaudé en l'occurrence. A cette boîte de couleur platinium+, mais oui, que nous nommerons parfois **unité centrale**, se raccordent beaucoup de choses.

Commençons par le clavier. Il n'est pas très différent de celui d'une machine à écrire ordinaire, mais possède tout de même quelques particularités :

- le **pavé numérique**, qui permet de taper plus facilement tout ce qui est chiffré ;
- les commandes de **curseur**, sur lesquelles nous reviendrons : ↑ ↓ → ← ;
- la touche ↵, qui signifie **Retour chariot** ; elle est comparable à l'interjection "Over" ou "à vous" qui ponctue les phrases d'une communication radio.

A ce clavier, ou à l'unité centrale, se raccorde un petit animal appelé

souris.

"Et la montagne accoucha d'une souris", et l'informatique accoucha d'une souris ... Hubert Reeves fait remarquer quelque part qu'une montagne, même aussi impressionnante que l'Everest, est sur le plan de la structure assez ridicule à côté de la complexité d'une quelconque souris.

Celle de Mac ne supporte pas non plus la comparaison avec un mammifère, mais ce qu'elle permet de faire est aussi une petite révolution. Inutile de dire que nous y reviendrons : elle sera omniprésente dans tout ce qui suit.

Les imprimantes

Autre appareil nécessaire au travail avec Mac : **l'imprimante**. Il n'est pas indispensable d'utiliser un modèle fabriqué par Apple Computer ; le système opératoire de la machine est construit pour accepter d'autres marques, à condition que celles-ci soient fournies avec un programme d'adaptation, ce que l'on appelle un *driver* dans le jargon informatique. Nous verrons quelques détails sur ce sujet dans la partie consacrée aux extensions matérielles. Pour l'instant, regardons plutôt ce que Mac utilise comme partenaires naturels.

Trois modèles sont actuellement disponibles, avec des variantes pour chacun :

- **L'ImageWriter II**, imprimante à aiguilles et ruban, peu coûteuse et de bonne qualité, mais un peu lente et assez bruyante.

- **L'ImageWriter LQ**, procédant de la même technique mais aux possibilités beaucoup plus étendues. Elle permet par exemple l'usage de trois types de papier ou d'enveloppes simultanément.

- La famille **LaserWriter**, imprimantes à laser comme leur nom l'indique. La qualité et la vitesse de ces machines sont largement supérieures à ce que l'on peut faire de mieux avec les techniques traditionnelles ; le prix, par contre, reste encore relativement élevé. Nous y reviendrons également, car cette famille permet des configurations très variées.

S'il y a plusieurs appareils, il tombe sous le sens qu'il faut aussi utiliser des cables pour les raccorder. En micro-informatique (et dans d'autres domaines aussi d'ailleurs) le problème des cables de connexion est assez empoisonnant. Mais réjouissez-vous bonnes gens, dans le monde Mac les choses se passent plutôt mieux qu'ailleurs.

Il faut savoir en effet que tout, autour de l'unité centrale, est organisé en *bus*. Cela veut dire que si vous raccordez un clavier aux normes françaises, un AZERTY, puis la souris, puis une imprimante, puis d'autres ustensiles, les transmissions ne se font pas simplement par un jeu de cables ; à l'entrée comme à la sortie, des protocoles et des morceaux d'intelligence permettent d'envisager les voies de communication plutôt que les engins communicants.

Vous pouvez remplacer le clavier par une table à numériser, l'imprimante par une table traçante, la souris à sphère par une souris sans sphère, Mac a ce qu'il faut pour identifier les engins qui lui sont raccordés, et pour réagir en conséquence.

Le tout se branche à l'aide de connecteurs spéciaux, qui ne permettent pas de se tromper, et ne demandent aucun réglage.

Les disquettes

Toujours dans ces boîtes, vous allez découvrir un petit outil qui risque fort de devenir, comme Rome aux yeux d'une célèbre demoiselle, l'unique objet de vos ressentiments : la **disquette**.

C'est l'instrument de travail indispensable en micro, l'équivalent de la rame de papier pour celui qui travaille de la plume. C'est sur disquette que vous trouverez vos programmes, c'est sur disquette que vous conserverez le résultat de vos heures de labeur, c'est sur disquette que vous passerez vos trouvailles aux copains ... c'est sur disquette qu'Apple vous fournit les *Fichiers système*.

Qu'est-ce à dire ? Simplement ceci : l'intelligence enfermée dans l'unité centrale est constituée d'une juxtaposition de parcelles, qui ont besoin pour fonctionner d'être chapeautées, un peu comme les parties d'un morceau de musique ont besoin d'être rassemblées sur une partition. Ces instructions d'assemblage, ces ordres de service, constituent les Fichiers Système — encore un sujet sur lequel nous reviendrons par la suite.

Le format des disquettes utilisées par Mac est trois pouces et demi, 3.5" en abrégé. La partie active de l'ensemble est enfermée dans une cassette en plastique, sur un côté de laquelle coulisse un cavalier en métal ; cette pièce s'écarte pendant la période de travail, découvrant ainsi le disque proprement dit, dont la matière constitutive ressemble à s'y méprendre à celle d'une cassette audio ou vidéo.

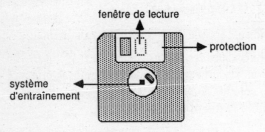

fenêtre de lecture

protection

système
d'entraînement

L'unité centrale contient ce qu'il faut pour lire ces outils : cela s'appelle forcément un lecteur de disquettes. Suivant le modèle que vous avez choisi, votre unité centrale en contient un ou deux, qui se voient sur la face avant par la ou les fentes pratiquées sous l'écran. C'est évidemment par ces ouvertures qu'entrent et sortent les disquettes manipulées par un lecteur.

Toujours à ce propos, et sans entrer dans les détails, il faut avoir une idée de la quantité d'informations qu'une disquette peut contenir. Comme vous le savez, tout ce qui se passe dans un ordinateur est codé en *binaire*, c'est-à-dire avec des 0 et des 1. Un chiffre binaire se dit

bit, contraction un peu audacieuse de *binary digit*, qui signifie chiffre binaire en anglais. Un nombre binaire de huit chiffres se dit **octet** en fançais, ou *byte* (prononcez baïte) en anglais.

Avec deux chiffres décimaux on peut compter de 0 à 99, donc 100 nombres, avec trois chiffres on peut aller de 0 à 999, donc écrire 1000 nombres, etc. 100 comme 10X10, 1000 comme 10X10X10 ... En binaire deux chiffres permettent d'écrire quatre nombres, quatre comme 2X2, trois chiffres en permettent huit, comme 2X2X2, ... , huit chiffres permettent d'écrire 2X2X2X2X2X2X2X2 = 256 nombres. Un octet est donc susceptible de prendre 256 valeurs distinctes, ou si l'on préfère, de représenter *256 signes distincts*. C'est largement assez pour coder tous les chiffres, les lettres majuscules et minuscules, les signes de ponctuation, bref, tout ce qui est nécessaire à l'écriture et au calcul.

Si vous n'aimez pas ces considérations arithmétiques, oubliez-les sans remords : il suffit de retenir que chaque signe, lettre, chiffre, apostrophe, espace, nécessite un octet pour sa représentation. La capacité d'une disquette se mesure donc tout naturellement en nombre d'octets, ou en multiples de ce nombre, comme le kilo-octet, ou encore le mégaoctet. Un kilo-octet en vaut 1024, et un méga en vaut 1024X1024, ce qui fait 1 048 576 octets. Pourquoi compter de 1024 en 1024, et pas de 1000 en 1000 comme d'habitude? Un coup du binaire, encore une fois : 1024 est la dixième puissance de 2. Et dans le langage des initiés, on ne se donne plus tellement la peine de prononcer kilo en entier : on dit K, tout simplement.

Votre système

Tout cela pour dire que les disquettes utilisées sur le Macintosh ont une capacité facile à retenir : **800K** exactement. Et tant qu'à parler de K, disons encore un mot de la mémoire centrale, celle où se passe tout ce qui est important pendant votre travail, celle qui contient les tâches et les programmes en cours d'exécution. Au départ elle peut contenir **1024K**, c'est-à-dire un *mégaoctet*.

Une telle capacité est plutôt impressionnante, et les informaticiens des temps héroïques vous diront qu'ils n'avaient pas cela sur les plus grosses de leurs bécanes. Vous verrez cependant bien vite à l'usage que la mémoire c'est comme l'argent : on n'en a jamais trop. Les applications modernes sont de plus en plus exigeantes en K, à tel point que nous discuterons plus loin des possibilités d'en ajouter, et des situations dans lesquelles ce mégaoctet n'est plus suffisant.

Enfin, un dernier appareil peut intervenir dans votre labeur quotidien : un *disque dur*. Dur, non pas à cause de ses qualités morales, mais parce que, contrairement aux disquettes, la matière magnétique qui lui donne sa qualité de mémoire est disposée sur des plateaux rigides. La grande différence entre un dur et un souple, un *hard* et un *floppy* in english, est sa capacité. Ce caractère rigide des plateaux permet à l'appareil à la fois une plus grande vitesse de rotation et une précision supérieure dans le guidage des têtes de lecture. Il en résulte qu'un disque dur de qualité courante peut contenir 20 mégaoctets, et que ceux de 40 mégas ne sont pas exceptionnels. Ces lignes sont d'ailleurs écrites par votre serviteur sur un Mac, lui-même posé sur un disque dur de 45 mégaoctets.

De 800K à 40 mégas, une cinquantaine de fois plus, et tout cela sans occuper plus de place : le jeu en vaut la chandelle. Un petit inconvénient tout de même : le prix - eh oui, ne rêvons pas trop !

Dans la famille Macintosh vous avez le choix entre divers constructeurs, qui proposent aussi bien des disques durs internes que des équivalents externes. Point n'est besoin d'être particulièrement futé pour comprendre la différence : les disques internes se placent dans le boîtier de l'unité centrale, alors que les externes sont fournis dans une boîte séparée, avec une alimentation autonome.

Résumons-nous

Votre système minimum comprend :

- *L'unité centrale :*

Vous avez le choix entre Mac Plus et Mac SE ; tous deux sont fournis avec une mémoire centrale de 1 mégaoctet (rappelons pour mémoire que nous aborderons le Mac II à part).

- *Le clavier :*

En principe les touches sont placées suivant la disposition AZERTY pour les francophones, mais si vous le désirez vous pouvez obtenir un QWERTY anglais ou américain, un QWERTZ allemand, un clavier italien, espagnol, portugais, danois ... et même un hébreu ou un arabe, en attendant un chinois.

- *L'imprimante :*

Vous avez le choix entre deux modèles à aiguilles, et une famille de modèles à laser ; vous pouvez aussi

vous tourner vers une machine non-Apple, à condition de trouver le programme qui la fasse vivre en
bonne entente avec Mac.

- *La souris :*

Vous n'avez pas le choix : un Macintosh sans souris
est comme un voilier sans mât ou un calumet sans
tabac.

- *Un ou deux lecteurs :*

Mac Plus a un lecteur de disquettes de 800K ; Mac
SE possède deux emplacements, qui peuvent être
utilisés soit pour monter deux lecteurs de disquettes,
soit pour placer un seul tel lecteur et un disque dur.

- *Une disquette (au moins) :*

Celle qui contient les fichiers système.

... et un certain nombre de cables, chargés d'établir la
communication entre toutes ces parties.

Le premier contact

Passons à l'étape suivante. Vous avez tout raccordé, tout allumé, vous êtes prêt. Prêt au *dialogue*, bien sûr, pas à l'affrontement : ces machines sont là pour vous obéir, et pas pour vous compliquer la vie. Vous avez devant vous :

- l'écran du Mac, son organe visuel ;
- le clavier, son organe dactyle ;
- la souris, son organe à tout faire, outil de travail universel, comme le gouvernail du navigateur, la clef à molette du plombier ou la pipe de Maigret ;
- l'imprimante, son organe scriptural.

Ecrans et icônes

Au départ l'écran ne contient pas grand-chose : un dessin sur fond grisé, représentant petit Mac dubitatif : ce qui figure son écran est l'endroit où clignote un point d'interrogation.

Le message est cependant assez clair : notre héros attend quelque chose. Quoi donc? Mais une *disquette* pardi, une disquette contenant ses ordres de début de travail, une disquette contenant les *fichiers système*. Le satisfaire est très simple : il suffit d'introduire dans l'ouverture ad hoc la disquette sur laquelle est écrit le mot **Système**.

Cela fait, le petit dessin change d'aspect ; le ? est remplacé par un sourire :

Au bout de quelques instants, marqués par l'activité bourdonnante du lecteur de disquettes, l'écran que voici apparaît :

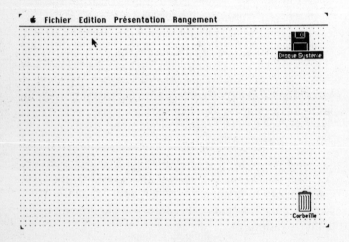

Trois parties au moins y sont à distinguer :

1°) la zone supérieure, comportant des mots écrits en grasses sur fond blanc : c'est la **barre des menus** ;

2°) la grande zone en grisé : c'est le **bureau** ;

3°) les **images** : celle située dans le coin supérieur droit et figurant une disquette, sous laquelle s'écrit le mot Disque Système, et celle située dans le coin

inférieur droit, sous laquelle on reconnaît le mot
Corbeille.

Dans ce qui suit nous n'utiliserons pratiquement plus le
mot *écran* ; nous le remplacerons systématiquement
par ses parties constitutives, c'est-à-dire la barre des
menus, le bureau, etc.

Mais le petit Mac avec son ? clignotant, son petit frère
qui sourit, la figuration d'une disquette système, la corbeille, tout cela nous montre déjà un aspect capital :
pour communiquer avec son maître, vous en l'occurrence, Mac utilise très peu de texte : il lui préfère des
petites représentations graphiques suggestives. Dans le
vocabulaire Macintosh, ces petites figurines portent un
nom : on les appelle des **icônes**.

Le mot désigne à l'origine des images pieuses peintes
sur bois par la branche orientale de la chrétienté ; les
nôtres ne seront pas des objets du culte de Saint Mac,
mais plutôt nos instruments de travail.

Le pointeur

Un détail du dessin précédent aura sans doute retenu
votre attention : la flèche noire plantée au milieu du
bureau. Vous constaterez tout d'abord qu'elle se trouve
un peu n'importe où. La raison : c'est vous qui la dépla-
cerez, au gré de votre fantaisie ou de vos nécessités.
Nous l'appellerons **pointeur** :

Il faut d'emblée vous pénétrer du principe suivant : la position de ce pointeur est entièrement contrôlée par la souris. En fait, c'est par le couple souris-pointeur que passera la plus grande partie de votre dialogue avec Mac. Le maniement de ce couple nécessite trois techniques, très simples, mais tout à fait essentielles.

Pointer

Cela consiste à poser la pointe de la flèche à l'endroit de votre choix. Pour ce faire, vous constaterez que si vous déplacez la souris sur votre bureau, ou sur une quelconque surface plane, sans la soulever, le pointeur se déplace sur l'écran. En la tenant bien droite dans la main, vous verrez qu'un mouvement d'avant en arrière de la souris provoque un mouvement de haut en bas du pointeur :

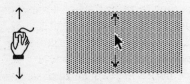

alors qu'un mouvement de gauche à droite de la souris (sans la tourner !) déplace ce pointeur de gauche à droite.

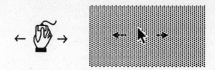

Il n'y a là aucun mystère. Un coup d'oeil sous la souris vous montrera que ce qui repose sur votre table est une sphère, une boule. En déplaçant l'animal vous faites rouler cette boule dans son logement, et sa rotation est enregistrée par deux poulies :

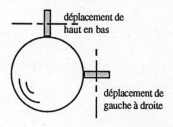

déplacement de haut en bas

déplacement de gauche à droite

C'est simple comme bonjour, c'est robuste, cela ne tombe pratiquement jamais en panne : celle de votre serviteur a déjà fait l'équivalent du tour de la terre sans jamais se fatiguer. Et si vous arrivez en bout de table, si un annuaire, une tasse de café ou un menhir gêne votre mouvement, ne vous gênez pas : soulevez la souris, re-posez-la en un endroit libre, et poursuivez votre geste. Comme seule la rotation de la boule a de l'effet sur le pointeur, déplacer le petit animal en l'air ne change rien.

Il est fortement conseillé de jouer à pointer pendant un petit moment, d'apprendre à sentir ce mouvement du pointeur en synchronisme avec celui de la souris ; le but à atteindre est (presque) d'oublier cette souris, et de sentir que vous contrôlez directement ce pointeur, sans plus penser au matériel que vous touchez.

Cliquer

Vous aurez remarqué que sur sa face supérieure la souris comporte un bouton, bouton qui n'attend qu'une chose : être enfoncé d'un doigt décidé. Cette opération s'appelle **cliquer**, et ses effets sont multiples.

Par exemple, si vous pointez l'icône représentant la disquette et que vous cliquez à cet endroit, en abrégé, si vous cliquez sur la disquette, vous la verrez s'inverser : de noire elle devient blanche.

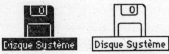

La disquette avant le clic
Elle était sélectionnée

La disquette après le clic
Elle est désélectionnée

Si vous cliquez la corbeille, vous la verrez par contre passer en noir. Si vous cliquez n'importe où sur le bureau, les deux icônes redeviendront blanches.

La corbeille non
sélectionnée

La corbeille
sélectionnée

L'utilité de cette opération est celle-ci. Nous savons déjà

que tous les objets manipulés par Mac apparaissent sur son bureau sous forme d'icônes. Pour pouvoir travailler avec un de ces objets, il faut commencer par l'activer, le sélectionner : c'est le but de l'opération cliquer, et le passage en vidéo inverse permet de voir tout de suite quel est l'objet sélectionné.

Si la disquette est en noir au début, c'est tout simplement parce qu'après la mise en route elle est automatiquement sélectionnée ; le système estime avec une certaine logique que vous allez d'abord travailler avec elle. Si un clic sur la corbeille la noircit, tout en faisant virer la disquette au blanc, c'est pour indiquer que vous venez de choisir la corbeille comme objet de travail, ce qui implique ipso facto que vous désélectionnez la disquette.

Nous verrons bientôt que les mots figurant dans la barre des menus sont aussi à considérer comme des icônes, et qu'un clic a sur eux un effet presque semblable.

Faire glisser

Les Américains utilisent le verbe to drag, que nous ne nous permettrons pas de traduire par draguer.

Les icônes Disquette Système et Corbeille sont placées d'office par Mac à des endroits bien précis du bureau, lors du démarrage. Mais notez bien ceci : si ces endroits ne vous plaisent pas, rien ne vous empêche d'en changer.

Par exemple, pour déplacer la corbeille il suffit de procéder comme ceci : pointer l'icône Corbeille, appuyer
sur le bouton de la souris sans le relâcher, et déplacer
l'animal en laissant soigneusement ce bouton enfoncé.
La silhouette de la corbeille se dessine en pointillé, et
suit vos mouvements de souris ; lorsque cette figuration
aura atteint l'endroit que vous souhaitez, relâchez le
bouton : le pointillé se transformera en icône complète,
l'ancienne disparaîtra, et votre déplacement sera ter-
miné. Nous appellerons cette opération : **faire glisser**.

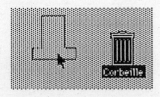

Ici encore nous vous conseillons de jouer un peu à
déplacer les icônes sur le bureau, encore que le terme
jouer ne doive pas vous abuser : cette activité fait partie
du travail, du vrai travail sur Mac. Le but est aisé à
comprendre : vous donner encore et toujours l'impression de tout contrôler du bout des doigts, de saisir les
objets et de les déplacer comme si vous les teniez physiquement en main.

Résumons-nous

1°) **Pointer** une icône, ou un objet quelconque, consiste à *placer le pointeur*, c'est-à-dire la pointe de la flèche, sur cette icône ou cet objet, en faisant rouler la boule de la souris sur une surface plane. Le mouvement du pointeur sur le bureau ou dans la barre des menus est une image fidèle du mouvement de la souris.

2°) **Cliquer** sert à *sélectionner* un objet. Cela consiste en deux opérations :
- pointer l'objet à sélectionner,
- appuyer sur le bouton de la souris.

3°) **Faire glisser** une icône consiste à la *déplacer sur le bureau* à l'aide de la souris dont on maintient le bouton enfoncé.

Morale de ce résumé : ces trois techniques peuvent paraître un peu puériles, et faire penser à un luna-park plutôt qu'à un ordinateur. Ne vous y trompez pas, cependant ; elles constituent l'essentiel des manipulations que nécessite le travail sur Macintosh, et vous découvrirez progressivement qu'avec une souris on peut écrire un livre, tenir une comptabilité, gérer un cabinet d'avocat, construire les plans d'une villa.... La préparation du café nécessite encore un appareil séparé, il est vrai, mais sait-on jamais ?

Menus et fenêtres

Nous savons donc que le travail sur Mac se fait sur le *bureau* à l'aide d'*icônes*. Pour sélectionner la disquette, on clique sur son icône, ce qui la fait passer en vidéo inverse ; pour sélectionner la Corbeille on clique sur ce qui la représente, avec passage en noir et désélection de l'icône précédente. Pour tout désélectionner, il suffit de cliquer dans le vide, c'est-à-dire quelque part sur le bureau où aucune icône ne se trouve.

Lire un menu

Abordons à présent le cas spécial, situé hors du bureau : la **barre des menus**. Pour l'instant elle contient cinq options :

 Fichier Edition Présentation Rangement

La est une option un peu spéciale, mais une option tout de même, à compter comme les autres. Son rôle apparaîtra progressivement.

Chaque item de cette barre est à considérer comme un objet aussi, ce qui veut dire sélectionnable avec la souris, et passant en vidéo inverse en cas de sélection. Nous en avons déjà entrevu l'effet ; il apparaît ceci, à condition de maintenir le bouton enfoncé :

Fichier Edition Présentation Rangement

Nouveau dossier	⌘N
Ouvrir	⌘O
Imprimer	
Fermer	
Lire les informations	⌘I
Dupliquer	⌘D
Ranger	
Format d'impression...	
Imprimer le catalogue...	
Ejecter	⌘E

Un essai avec un autre item, comme **Rangement** par exemple, donnera :

Présentation **Rangement**

Aligner la sélection
Vider la corbeille
Initialiser le disque
Fixer le démarrage
Utiliser le MiniFinder...

Redémarrer
Eteindre

On voit donc que chaque mot de cette barre, chaque *titre de menu* pour faire court, **déroule** un menu différent, qui s'**enroule** à nouveau si on lâche le bouton.

Revenons au menu **Fichier**, pour en étudier le contenu. Trois aspects sont à retenir.

1. Certains mots sont en noir, comme **Ouvrir** ou **Ejecter**, d'autres en grisé, comme **Dupliquer**. Le sens de cette différence est important : les items en noir sont **actifs,** et ceux en grisé ne le sont pas.

2. Des lignes grisées séparent les groupes de mots. Ce n'est là qu'un détail de présentation, une manière de regrouper les options par thèmes.

3. Certains mots sont suivis d'un doublet curieux :

⌘O   ou   ⌘I

C'est un *équivalent clavier*, qui permet de remplacer le bouton de la souris par l'appui simultané sur deux touches, celles qui sont indiquées.

Mais **Ouvrir, Dupliquer, Ejecter** ... quoi donc? Très simple : *le ou les objets **sélectionnés**.* Notre dessin montre la disquette en inverse au moment de dérouler le menu **Fichier** : c'est donc elle qui sera ouverte par le choix d'**Ouvrir**. Par contre, si nous sélectionnons d'abord la corbeille, c'est elle qu'il s'agira d'ouvrir.

Choisir un article

Les titres de la barre des menus sont donc des icônes, au comportement légèrement différent de celles qui vivent sur le bureau. La même remarque s'impose pour les mots figurant dans le menu lui-même : chacun d'eux est un objet, encore appelé **article**. Quant à leur sélection, il faut tout d'abord se rappeler la distinction entre les articles actifs, ceux qui s'écrivent en noir, et les inactifs, qui sont en grisé ; seuls les actifs sont évidemment sélectionnables. Vous ne pouvez pas **Dupliquer** la disquette par exemple. Ensuite, pour le choix d'un article, il suffit d'appliquer ce qui convient aux icônes : faire apparaître celui que vous désirez en inverse. Oui mais, comment pointer un article, puisqu'il faut maintenir le bouton enfoncé pour garder le menu déroulé ? Très simple : descendre le pointeur le long du menu, bouton toujours enfoncé. Vous verrez que les articles restent apparents ; de plus, en passant sur **Ouvrir**, le pointeur a comme effet :

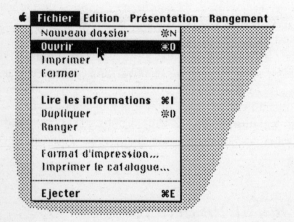

Nous savons ce que cela signifie : comme le mot est en inverse, il est sélectionné, ce qui ne veut pas encore dire qu'il soit *choisi*. Si le pointeur continue de descendre, vous verrez qu'en passant sur les articles en grisé il ne produit aucun effet, alors qu'il inverse les autres. Vous pouvez donc librement jouer de la souris et faire voyager le pointeur comme bon vous semble ; tant que le bouton reste enfoncé, l'effet graphique vous signale en permanence l'article que vous sélectionnez.

Bien entendu, la même chose se passe avec les autres menus. Mieux : si le menu déroulé ne vous plaît pas, il vous suffit d'en pointer un autre. Si vous glissez le long de la barre des menus, tout ce qu'il est possible de choisir se déroulera docilement grâce au petit animal à bouton.

Cela dit, nous n'avons toujours rien choisi : Mac nous montre tout, bien poliment, et attend notre décision. Comment faire ce choix? Elémentaire, mon cher Ouate-sonne : lorsque le bon article est en lettres noires sur fond clair, il suffit de... **relâcher le bouton**.

Premier effet : le mot choisi *clignote* trois ou quatre fois, pour confirmer visuellement votre choix.

Deuxième effet : *l'exécution* de l'instruction correspondante, et qui dépend évidemment du mot en question.

Les fenêtres

Nous n'en avons pas encore donné, d'instruction, nous avons seulement regardé celles qui sont proposées. Eh bien, il est temps d'essayer. Sélectionnons la disquette d'un clic décidé, cliquons aussi dans le menu **Fichier** sans relâcher ... vous savez quoi, et choisissons l'article **Ouvrir**, de la manière indiquée ci-dessus.

Docile, Mac ouvre la disquette. Cela se traduit d'abord par une animation, un petit rectangle qui grandit, grandit, grandit... jusqu'à dessiner sur le bureau un objet de base, un objet dont vous devez connaître tous les détails, car il est aussi indispensable au travail avec Mac que le papyrus au scribe égyptien : la **fenêtre**. Nous verrons plus loin qu'il y a plusieurs sortes de fenêtres, et que celle-ci devrait plutôt s'appeler *fenêtre de travail*. Mais justement, comme c'est avec elle que se fait le plus gros du travail, nous nous permettrons de l'appeler simplement : *fenêtre*. Voici son aspect :

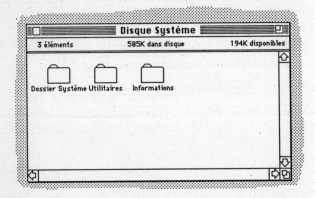

Détaillons tout cela, en précisant bien le vocabulaire.

En gros, une fenêtre contient une **zone de travail**, le rectangle central, et des **attributs**, les dessins entourant cette zone. Celle-ci contient aussi des icônes, mais pour l'instant nous nous intéressons à la fenêtre elle-même plutôt qu'à son contenu.

La barre de titre

Le rectangle allongé qui surmonte la fenêtre est la *barre de titre*. Elle contient au centre le titre de la disquette, qui est aussi ce qui apparaît sous l'icône lorsqu'elle est fermée. Le petit carré de gauche est la *case de fermeture*. Un clic à cet endroit ferme la fenêtre, c'est-à-dire la fait disparaître du bureau, pour la remplacer par l'icône de départ.

Barre de titre

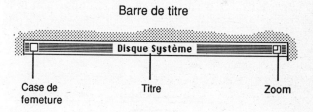

Case de fermeture   Titre   Zoom

A droite se trouvent deux carrés imbriqués, ce qui symbolise le *zoom*. Un clic y provoque l'effet que vous devinez : si la fenêtre était petite, elle devient grande, et réciproquement.

La ligne de description

Sous ce premier rectangle se trouve une suite de caractères dont le sens est assez clair : elle décrit le *contenu* de la disquette, en utilisant l'idée de kilo-octet que nous avons évoquée au premier chapitre. Cette ligne contient trois indications : le nombre d'éléments, la place qu'ils occupent, et la place qu'ils n'occupent pas, c'est-à-dire ce qu'il reste comme espace disponible.

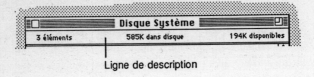

Ligne de description

La case de taille

La case de taille est située dans le coin inférieur droit, et figurée par deux carrés superposés. Comme son nom l'indique, elle permet de donner à la fenêtre la taille que l'on veut.

Case de taille

Le principe de réglage de cette taille fait encore et toujours appel au petit animal à bouton.

Il faut "saisir" la case ad hoc à l'aide d'un clic, sans relâcher le bouton. En faisant glisser cette case, vous modifiez la position du coin inférieur droit de la fenêtre sans toucher à celle du coin supérieur gauche, ce qui vous permet évidemment de choisir n'importe quelle taille, dans les limites de l'écran. Pour vous aider à apprécier cette taille, Mac se livre comme d'habitude à une petite animation : un rectangle pointillé figure la nouvelle fenêtre pendant le voyage de la case guidée par la souris.

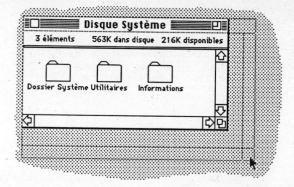

Dans les limites de l'écran ... en d'autres termes, vous ne pouvez pas agrandir la fenêtre plus loin que les bords visibles. Si vous l'essayez tout de même, vous verrez la fenêtre reprendre aussitôt ses dimensions initiales, comme si vous aviez lâché le bouton.

Les bandes de défilement

Faisons le contraire, et ramenons, de la manière qui vient d'être expliquée, la fenêtre à une taille minimum.

Il se produit quelque chose de neuf : les rubans latéraux cessent d'être de longs rectangles vides pour se remplir de grisé, avec toutefois des attributs spéciaux : un rectangle blanc dans le grisé, et une flèche à chaque extrémité. La raison est celle-ci : la fenêtre, et plus précisément la zone de travail, est devenue trop petite pour montrer toutes les icônes qu'elle contient. C'est pourquoi Mac fait deux choses :

- il vous en avertit,
- il vous donne le moyen d'y remédier.

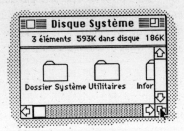

Si le ruban horizontal devient grisé, cela veut dire que la place occupée par les icônes est *plus large* que la fenêtre affichée ; si le ruban vertical s'assombrit, cela veut dire qu'il manque de la place *en hauteur*. Bien entendu, il peut arriver que les deux rubans changent de teinte, c'est-à-dire qu'il manque de la place en largeur *et* en hauteur.

Donc, des icônes peuvent être cachées ; mais *cela ne vous empêche pas de les voir*. Pour comprendre ce qui se passe, il suffit de penser à ceci : Mac définit une *zone de travail* suffisante pour tout montrer, mais vous choisissez une *zone de vision* différente.

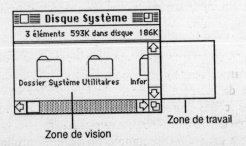

Si cette dernière est plus grande, il n'y a pas de problème, vous ajoutez simplement des parties blanches.
Mais si elle est plus petite, il faut la considérer comme
une fenêtre montrant une partie de la zone de travail,
fenêtre qu'il est possible de *déplacer* sur cette zone.

Ce déplacement s'obtient, vous l'avez deviné, avec les
rubans latéraux, auxquels nous allons donner leur vrai
nom : les **bandes de défilement**.

Bande de défilement

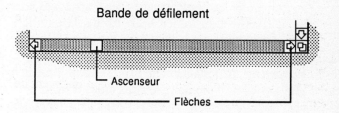

Ascenseur

Flèches

Un clic dans la flèche gauche déplace la zone de vision
vers la gauche sur la zone de travail, et vous permet
donc de voir des objets qui étaient cachés, à gauche du
bord gauche de la fenêtre ; un clic sur la flèche droite
fait évidemment de même vers la droite. Mais comme la
recherche d'icônes est une activité courante, qui devrait
prendre un minimum de temps, Mac accepte plusieurs
façons de la faire.

Au lieu d'un simple clic dans une flèche, on peut s'y
maintenir, en gardant le bouton enfoncé : la fenêtre se
déplace de manière continue, et fait *défiler* sous vos
yeux les icônes cachées ou présentes – d'où le nom des
bandes de défilement. On peut aussi cliquer dans la zone
grisée : à gauche du rectangle blanc, cela produit un

déplacement vers la gauche, comme la flèche voisine, mais sur une distance plus importante ; le lecteur futé aura deviné ce que donne un clic sur la partie grisée à droite du rectangle blanc. Il est à remarquer que, pendant ces opérations, ce rectangle se déplace aussi dans le ruban. Nous l'appellerons désormais **ascenseur**, même si son déplacement est horizontal. Il a deux usages :

- Figurer la position de la zone de vision sur la zone de travail. Par exemple, s'il est bloqué à gauche, cela veut dire que les bords gauches des deux zones sont alignés, s'il est au milieu de la bande, la première zone est au centre de la deuxième.

- Permettre un déplacement *proportionnel*, et non plus par crans, comme le font les clics. Il suffit pour cela de *faire glisser* l'ascenseur dans la bande, de la manière habituelle.

Tout ce que nous venons d'expliquer à propos du ruban horizontal est évidemment valable aussi pour le vertical, à condition de remplacer *gauche* par *haut* et *droit* par *bas*. Pour ceux (ou celles!) qui aiment les comparaisons mathématiques, disons que la bande de défilement horizontal permet d'agir sur l'abscisse de la zone de vision, alors que la bande de défilement vertical opère sur son ordonnée.

Déplacer une fenêtre

La barre de titre comporte un titre, la case de fermeture et le zoom, mais trois choses sont à ajouter.

1. Ce titre n'est pas déterminé par Mac, c'est vous qui le choisissez. Pour en changer, il suffit de cliquer l'icône de la disquette, et de taper le titre de vos rêves au clavier : vous verrez la barre de titre se modifier au gré de votre frappe.

2. Cette barre de titre a une fonction comparable à la case de taille, bien que plus radicale : elle permet de *déplacer la fenêtre*, entendez : toute la fenêtre, attributs compris, sur la surface du bureau. Il suffit pour cela de la faire glisser en cliquant dans cette barre de titre, à condition d'éviter la case de fermeture et le zoom, bien entendu.

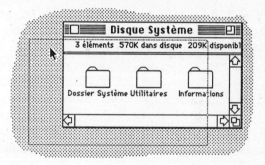

Donc, clic sur la barre de titre, glissement de la souris bouton enfoncé : un rectangle en pointillé figure les évolutions de la fenêtre et devient la nouvelle position de la fenêtre lorsque vous relâchez.

3. Les lignes horizontales dessinées dans cette barre ne constituent pas une simple ornementation. Pour s'en convaincre, il suffit de changer un peu le jeu, et d'ouvrir une autre fenêtre. Visons au plus simple :

sélectionnons la corbeille d'un clic sur son icône, et choisissons **Ouvrir** dans le menu **Fichier**. Une nouvelle fenêtre apparaît, dont le titre est **Corbeille**, forcément. Son rôle n'est guère différent de ce que nous avons déjà dit : afficher le contenu de la corbeille. A ce stade, il est probable qu'elle ne contient rien, et nous affiche donc une zone de travail parfaitement vide, avec des bandes de défilement inactives, c'est-à-dire sans grisé.

Mais regardez bien les barres de titre : celle de la corbeille comporte les traits horizontaux, alors que ceux-ci ont disparu de la Disquette Système. But du jeu : vous faire savoir quelle est la fenêtre **active**.

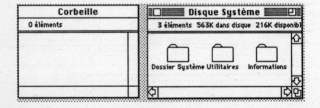

Il faut savoir en effet que de toute manière, quelles que soient vos activités, vous ne travaillerez jamais que dans une et une seule fenêtre. *Dans* et *une* sont les mots importants : *dans* parce que tout s'y passe, *une* parce qu'une seule fenêtre à la fois peut être active.

Superposer des fenêtres

Insistons encore sur ce point, au risque d'être lassant : il faut distinguer fenêtre **active** de fenêtre **ouverte**. Le dessin montre deux fenêtres ouvertes, mais ce nombre n'est pas limité. Par contre, seule celle dont la barre de titre comporte les lignes horizontales est active.

Il y a plus. L'écran de Mac a beau être précis, il n'est pas énorme ; si donc plusieurs fenêtres s'ouvrent, on risque fort de manquer de place. Mais rassurez-vous, Mac peut remédier à cela aussi : il permet de **superposer** les fenêtres. En faisant glisser la fenêtre **Corbeille** vers le fenêtre **Disquette Système**, voici ce qui arrive :

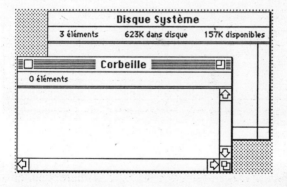

A présent, comment revenir à la première fenêtre? Aucun problème : on clique quelque part dans sa surface. Elle redevient active, comme le montre sa barre de titre, et repasse au-dessus de l'autre.

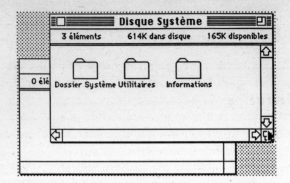

Résumons-nous

Menus

Le haut de l'écran contient une suite de mots, qui sont chacun une icône : c'est la *barre des menus*.
Chacun de ces mots est le *titre* d'un *menu déroulant*.
Un menu se déroule lorsque le pointeur se trouve sur son titre, bouton enfoncé.

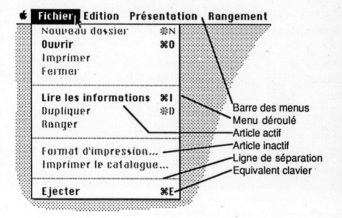

Il comporte des *articles*. Les mots dessinés en noir sont les articles *actifs*, ceux en grisé sont *inactifs*. Les lignes grisées sont de simple séparations, et ne servent qu'à améliorer la présentation.
Un article actif se sélectionne en déroulant le menu qui le contient, et en glissant le pointeur jusqu'à lui, bouton enfoncé. Il en résulte un clignotement du mot choisi, et

l'exécution de l'instruction correspondante.

La paire constituée du signe ⌘ et d'un autre signe est un *équivalent clavier* : les deux touches frappées en même temps donnent le même effet que la sélection de l'article à côté duquel il se trouve.

Fenêtres

La commande **Ouvrir** appliquée à l'icône d'une disquette fait apparaître une *fenêtre de travail*. A cette fenêtre sont associées deux zones rectangulaires, la zone de travail et la zone de vision, et un certain nombre d'attributs.

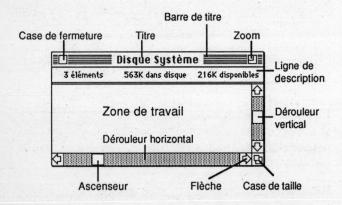

La zone de travail est le rectangle qui contient les icônes décrivant le contenu de la disquette ; la zone de vision est la partie visible de ce rectangle, et est figurée par le rectangle central de la fenêtre. Parmi les attributs on trouve :

- La *barre de titre*, qui contient le titre de la disquette, des lignes horizontales indiquant si la fenêtre est active ou pas, et qu'il faut saisir du pointeur pour la déplacer sur le bureau.

- La *ligne de description*, qui indique le nombre d'items que contient la disquette, la place occupée par ces items, calculée en kilo-octets, et la place encore disponible.

- La *case de fermeture*, qui permet de fermer la fenêtre par un clic.

- Le *zoom*, qui permet de choisir entre une grande et une petite zone de vision.

- La *case de taille*, qui permet de modifier à volonté la taille globale de la fenêtre.

- Les *bandes de défilement*, qui permettent de déplacer la zone de vision sur la zone de travail.

Plusieurs fenêtres peuvent être présentes sur le bureau, et elles peuvent se *chevaucher* ; une seule d'entre elles peut être active, et en activer une nouvelle désactive la précédente.

Dans les fenêtres

Nous avons longuement examiné les divers aspects d'une fenêtre, nous en avons soigneusement fait le tour ... sans dire un mot de son contenu. C'est ce que nous allons faire à présent, en précisant les choses qu'il faut savoir, *l'indispensable pour* commencer le travail.

Plusieurs lecteurs

Et tout d'abord, nous allons faire une supposition de plus sur votre configuration. Il faut savoir en effet que travailler sur Mac avec *un seul* lecteur de disquettes n'est pas recommandé : c'est peu efficace, et c'est dangereux pour l'équilibre neurologique de l'utilisateur.

Car pour fonctionner, Mac a besoin d'un certain nombre d'informations figurant dans des **fichiers système**, eux-mêmes contenus dans un **dossier système**, et sur lequel nous reviendrons au chapitre X. Pour l'instant, contentons-nous de noter ceci : ces fichiers occupent une bonne partie de la place disponible sur une disquette. Donc, avec un seul lecteur il ne vous reste pas grand-chose pour les applications ou les documents. Avec comme conséquence que, soit vous jouez au disc-jockey à un rythme qui vous amènera tôt ou tard au bord de la crise de nerf, soit vous ne pouvez tout simplement **pas** utiliser l'application de votre choix.

Notre hypothèse sera donc que vous travaillez avec un appareil à deux lecteurs, ou avec un lecteur externe, ou encore avec un lecteur et un disque dur. Sur le bureau, un disque dur est représenté par une icône légèrement différente, qui peut dépendre de son constructeur :

Un deuxième lecteur de disquettes, par contre, se représente comme le premier, et se dessine au-dessous :

Ouvrir autrement

Que vous utilisiez du dur ou du souple ne change d'ailleurs rien à la manière d'en aborder le contenu : un clic pour sa sélection, le choix d'**Ouvrir** dans le menu **Fichier**.

Mais au fait, ce passage par le menu peut sembler un peu lourd ; ne peut-on alléger la procédure? Bien sûr que oui, sans cela nous ne poserions pas la question.

Deux autres accès sont possibles :

1. Appuyer sur les deux touches dessinées à côté du mot **Ouvrir** : ⌘ O

2. Cliquer deux fois de suite à un rythme soutenu : ce que nous appellerons le

double-clic

Insistons-y, ce double-clic est une manoeuvre tout à fait courante sur le Mac. Il ne demande qu'une légère agilité de l'index, et remplace des combinaisons de touches un peu fastidieuses dans de nombreuses circonstances, comme vous le découvrirez bientôt.

Les types d'icônes

Or donc, revenons au contenu de nos fenêtres. Nous y trouvons en gros quatre types d'icônes.

Les dossiers

Comme son nom l'indique, ceci ne représente qu'une manière de *classer* les autres icônes.

Dossier

Pour ouvrir un dossier, il suffit d'appliquer les méthodes que vous savez, la plus simple étant le double-clic. Il se produit sous cette commande une petite animation qui doit vous devenir familière : l'icône se transforme en fenêtre, et affiche son contenu :

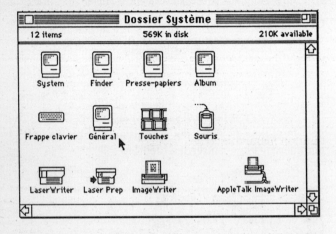

Si à ce stade nous faisons appel à l'article **Nouveau Dossier** du menu **Fichier**, nous voyons apparaître l'icône Dossier Vide *dans le dossier déjà ouvert.*

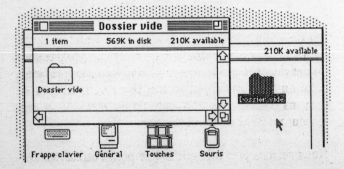

Continuons le jeu : double-clic sur ce dossier vide, qui s'ouvre aussitôt, et nouvel appel à **Nouveau Dossier**.

Résultat : un Dossier Uide, situé dans le Dossier Uide, lui-même contenu dans le dossier ouvert en premier lieu.

Ceci montre comment se servir des dossiers pour classer ses documents et ses applications : il est possible d'obtenir des imbrications à n'importe quel niveau, c'est-à-dire un niveau de sophistication bien supérieur à ce que l'on peut faire avec des boîtes et des chemises en carton. Précisons le vocabulaire : ceci s'appelle le système **HFS**, comme Hierarchical File System, ou organisation hiérarchique des fichiers.

Les fichiers système

Les icônes qui apparaissent à l'ouverture du dossier système, comme :

ont un statut particulier. Ce ne sont ni de vrais documents ni de vraies applications, mais des programmes ou des données qui se situent à un niveau intermédiaire, celui du **Système Opératoire**. Ils servent en gros de moyens d'accès des applications au matériel et aux ressources de votre configuration.

Nous verrons plus loin que même pour l'utilisateur certains travaux sont nécessaires dans ces fichiers. Pour l'instant, nous pouvons déjà préciser ceci : tout le système opératoire de Mac s'articule autour de deux fichiers, appelés **Finder** et **System**, que nous avons déjà entrevus au passage dans les fenêtres.

Nous reviendrons en détail sur le sens de chacun des fichiers système dans le chapitre consacré au bureau.

Les applications

Nous avons déjà couvert un nombre respectable de pages en ne parlant pas ou peu des applications. Notre petit doigt nous dit pourtant que c'est cela qui vous intéresse au premier chef. Rassurez-vous, bientôt nous ne parlerons plus que d'elles.

Sans avoir la prétention d'épuiser le sujet d'ailleurs, car il en existe littéralement des milliers, et les sources sont loin d'être taries. Il y a les traitements de texte, les gestionnaires de fichiers, les générateurs de bases de données, les programmes de mise en page, de composition musicale, de dessin, de télécommunication, etc.

En principe l'icône d'une application a cette forme-ci :

comme par exemple celles que nous étudierons bientôt :

MacDraw 1.7   MacPaint   MacWrite

Mais ce qui caractérise l'univers **Apple** est l'*imagination*, avec une petite dose de fantaisie qui n'exclut pas le sérieux. Les concepteurs d'applications laissent libre cours à la leur, et les icônes qui en résultent vont des plus classiques aux plus débridées. En voici quelques échantillons :

Malgré leur côté amusant, remarquons que dans la plupart des cas ces icônes sont assez explicites.

Les documents

On comprendra sans peine qu'un traitement de texte produit des textes, qu'un gestionnaire de fichiers produits des fichiers, etc. Chaque application engendre une certaine forme de résultats, qui sont mémorisés sous des icônes séparées, appelées **documents**.

Quelques exemples :

Comment s'en débarrasser

Revenons un moment à notre petit jeu des dossiers imbriqués. Comme nous connaissons les attributs des fenêtres, il nous est facile de refermer le dossier vide placé dans le dossier vide, ainsi que le dossier vide lui-même.

Et après tout, ce dossier ne nous intéresse plus : autant nous en débarrasser. Pour le faire, il suffit d'utiliser la **Corbeille**, dont il est temps de regarder l'usage. Pour *jeter* quelque chose, la procédure est simple : un clic pour sélectionner, et la souris pour faire glisser dans ladite corbeille.

Vous saurez que le document à jeter y est entré lorsqu'elle passera en vidéo inverse, en absorbant ce que vous êtes en train de faire glisser. De plus, elle change de forme dès qu'elle contient quelque chose : ses flancs s'arrondissent :

Un double-clic dans ces flancs, ou un simple clic suivi d'ouvrir, fera apparaître la fenêtre du contenu, avec dans notre exemple le dossier vide à jeter. Ceci est un peu curieux : on met le document à la corbeille, mais il est toujours là. Comment s'en débarrasser définitivement ? Très simple, à condition d'utiliser le menu **Rangement** dans lequel on choisira naturellement l'article **Vider la corbeille**.

Celle-ci retrouvera aussitôt des flancs tout droits, vous signalant par là sa nouvelle vacuité.

Nous avons dit que les fichiers **System** et **Finder** sont indispensables. Notre héros le sait, et n'autorise pas leur disparition ; si vous glissez le Finder, par exemple, dans la corbeille, voici ce qu'il vous répond :

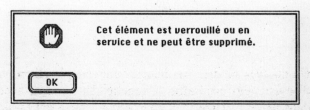

En d'autres termes, Mac ne vous autorise pas à scier la branche sur laquelle vous êtes informatiquement assis. Mais la forme de ce message mérite un mot de plus, car ce qu'elle montre est encore une *autre sorte de fenêtre*, appelée cette fois **fenêtre d'alerte.** Nous découvrirons progressivement que les fenêtres forment une grande famille, assez variée dans ses formes.

Résumons-nous

Le bureau peut contenir plusieurs lecteurs de disquettes, et/ou plusieurs disques durs. Chacun de ces appareils est signalé par une icône, et le contenu décrit par une fenêtre.

On peut ouvrir non seulement par le choix d'**Ouvrir** dans le menu **Fichier**, mais encore de deux autres manières :

- Par l'appui simultané des deux touches ⌘ et **O**.
- Par un double-clic sur l'icône.

Les icônes sont à classer en différents types, parmi lesquels :

- Les dossiers.
- Les fichiers système.
- Les applications.
- Les documents.

Pour se débarrasser d'un document, il suffit de le glisser dans la corbeille. Le système le fera disparaître au bout d'un certain temps, mais on peut forcer le passage de la faucheuse à l'aide de **Vider la corbeille** dans le menu **Rangement**.

Avant de commencer

Nous l'avons déjà dit, la disquette est plus qu'une forme de mémoire, c'est aussi un moyen de véhiculer des programmes et des données. Si vous achetez une application, si votre copain vous donne son petit programme personnel, si vous relisez sur votre Mac le texte écrit par quelqu'un sur un autre Mac, vous utilisez des disquettes.

D'autre part, tous les manuels vous le confirmeront, la disquette est un outil à durée de vie aléatoire. Elle peut vivre aussi longtemps qu'un 🐘 mais elle peut refuser tout service d'un instant à l'autre. C'est pourquoi l'un des principes d'élémentaire prudence est le suivant : **ne jamais travailler avec une disquette originale**. Oui mais, le corollaire en est clair : il faut faire au moins une copie de l'originale. Cela implique donc :

1° l'usage d'une autre disquette,

2° la définition d'une procédure de copie.

Formater

Les disquettes neuves se trouvent dans toutes les boutiques d'informatique à des prix raisonnables, en général par boîtes de dix. Le détail technique auquel il faut faire attention lors d'un achat est la capacité : Mac utilise des *double face - double densité*, en anglais **D**ubbel **S**ide **D**ubbel **D**ensity, ou DS-DD.

Un autre point est à retenir, fondamental celui-là : en sortant de sa boîte, une disquette est *totalement impropre à l'usage*. C'est un peu comme le papier à musique; on écrit les notes sur le papier, bien sûr, mais sans les lignes de la partition, cette écriture est impossible.

Une disquette a besoin qu'on trace sur sa surface des pistes et des secteurs, que chaque secteur soit identifié par une adresse, vérifiable par un champ de contrôle, etc. Bref, avant de pouvoir enregistrer votre premier octet, elle doit comporter une foule d'indications de service. La mise en place de ces indications se fait par Mac lui-même, lors d'une opération nommée **formatage**.

Lorsqu'une disquette est introduite dans un lecteur, Mac va aussitôt lui flairer les pistes, les secteurs, les octets de contrôle... Pour une surface neuve, il n'y a rien à trouver ; notre ami constatera ces lacunes et vous enverra le message suivant :

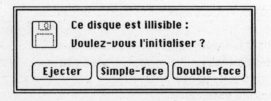

Arrêtons-nous encore à la *forme* du message. Le rectangle qui vient couvrir le bureau est lui aussi une fenêtre, appelée dans ce cas-ci **fenêtre de dialogue**, pour des raisons faciles à comprendre.

- Le texte est le *message* que Mac vous envoie. Pour s'assurer de votre lecture, il refusera de faire autre chose que pousser un bip-bip plaintif tant que vous n'aurez pas cliqué une des réponses proposées. C'est la version souris du paraphe pour prise de connaissance.

- Ce clic est en fait un message en retour. Clic sur **Ejecter** veut dire : "je ne veux pas formater", auquel cas Mac éjecte la disquette sans autre traitement; un clic sur une des deux autres options déclenchera au contraire les manoeuvres de formatage.

Comme vous le voyez, un dialogue a bel et bien eu lieu. Les options **Simple face** ou **Double face** relèvent d'une petite complication, guère préoccupante : vous avez le choix entre n'utiliser qu'une face de la disquette, ce qui vous donne 400K de capacité de stockage, et utiliser les deux faces, ce qui en donne 800. Comme vos lecteurs et vos disquettes le permettent, il n'y a aucune raison de ne pas choisir 800K — en fait , l'option 400K est un souvenir des premiers modèles de Mac.

Pendant le formatage, Mac affiche un message qui n'est ni une alerte ni un dialogue ; il vous signale simplement que si rien de neuf n'apparaît, il y a tout de même des choses qui se passent :

Initialisation en cours ...

A la fin de l'opération, qui peut être relativement longue (plusieurs dizaines de secondes, c'est long dans l'univers de l'informatique où l'on compte en microsecondes), une nouvelle fenêtre de dialogue apparaît :

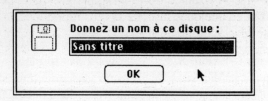

Son but est, mais oui, vous avez compris, de vous demander le nom que vous souhaitez attribuer à votre nouvelle disquette ; nous vous le disions il y a quelques pages, c'est vous qui le choisissez.

Les disques durs nécessitent eux aussi une mise en forme préalable à tout usage, pour des raisons identiques. La procédure est pratiquement la même, à ceci près que le programme de formatage se trouve généralement sur une disquette fournie avec le disque par le constructeur.

Copier

Vous voilà parés pour copier un programme. Si, par exemple, vous avez acquis votre Mac avec le logiciel **Mac Write**, vous trouverez dans la boîte une disquette intitulée Mac Write, et dans le manuel le conseil que nous vous avons déjà donné : réaliser une copie, et ne travailler qu'avec elle, la disquette originale n'étant utilisée que ... pour faire des copies.

Pour le suivre, ce conseil, il faut commencer par signaler à Mac l'existence du programme à copier, ce qui sera fait en quelques instants si vous introduisez la disquette Mac Write dans le lecteur libre : Mac la lit, puis affiche sa présence en dessous de la première disquette.

D'autre part, il tombe sous le sens qu'il faut aussi glisser quelque part la disquette vierge. Oui, mais où ? Simple : il suffit de libérer un lecteur, par exemple celui qui contient la disquette système. En bref, il faut que nous apprenions à **éjecter** une disquette.

La méthode n'a rien de compliqué : **sélectionner** la disquette à éjecter par un clic sur son icône, puis choisir la commande **Ejecter** dans le menu **Fichier**. Docile, la petite boîte en plastique sort de son logement, et ce mouvement s'accompagne, comme d'habitude, d'un effet graphique ; l'icône de la disquette passe en grisé :

et les icônes de la fenêtre décrivant son contenu font de même. Ceci permet à l'utilisateur de distinguer sans problème ce qui est dans le lecteur de ce qui n'y est pas. Et il y a plus, à la réflexion ; car ces petits dessins montrent que, même si une disquette est absente du lecteur, *Mac se souvient de son contenu.* En fait on peut continuer de travailler avec sa fenêtre comme auparavant :

l'ouvrir, la fermer, la déplacer ...

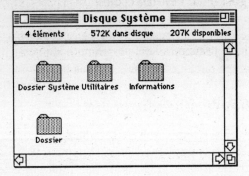

Si l'on essaie de reprendre le travail avec une de ces icônes, Mac constatera l'absence physique de ce qu'elle représente, et réagira logiquement en vous demandant d'insérer la disquette manquante, ce qui sous-entend qu'il commencera par expulser de sa propre initiative la denière disquette introduite. Voici le dialogue qui accompagne ce petit échange :

Vous l'exhiber de la sorte est un peu cruel, car vous aurez souvent (eh oui, souvent !) l'occasion de le voir.

Revenons au point de départ, c'est-à-dire la duplication. D'une manière générale, le procédé est simple, et conforme à la philosophie Macintosh :

sélectionner ce que l'on veut recopier, et le faire glisser à l'endroit où l'on voir figurer la copie.

Cela dit, ce principe admet plusieurs modalités.

Dupliquer une disquette

Si l'on sélectionne *une des disquettes*, et qu'on la fait glisser sur *une autre disquette*, Mac vous envoie le message :

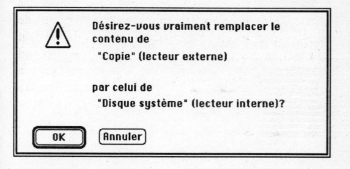

Cela signifie :

1°) que vous obtiendrez une copie conforme de la disquette de départ,

2°) que, si votre deuxième disquette contenait quelque chose avant la duplication, ce quelque chose disparaîtra sans rémission pendant la manoeuvre de copie.

Copier un document

Si le problème n'est pas de recopier tout le contenu d'une disquette, mais simplement *un* document, la méthode est différente : sélectionner le document en question dans la fenêtre de l'unité qui le contient, et le faire glisser. Où donc? Deux possibilités :

1°) La disquette de destination est fermée ; glisser le document sur son icône, et son passage en vidéo inverse indique que la copie commencera dès le lâcher du bouton.

2°) La fenêtre décrivant le contenu de la disquette de destination est sur le bureau ; glisser le document dans cette fenêtre : la copie débutera là aussi dès que le bouton sera relâché.

De toute manière, ces manoeuvres sont bien des *duplications* : le document original ne disparaît pas dans l'aventure.

Copier plusieurs fichiers

Qu'il s'agisse d'un ou de plusieurs documents, le procédé ne change pas. La seule différence est qu'il faut apprendre à sélectionner ces documents. Encore une fois, deux procédés sont applicables :

1°) dans la fenêtre des originaux, enfoncer le bouton de la souris et décrire avec le pointeur une trajectoire oblique ; Mac interprète ce segment comme la diagonale d'un rectangle, et sélectionne tout ce qui s'y trouve.

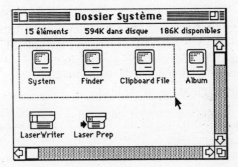

Comme d'habitude, notre ami nous aide à comprendre ce qui se passe en dessinant un rectangle en pointillé pour figurer la zone sélectionnée. Dès que le bouton sera relâché, les icônes comprises dans ce rectangle passeront en inverse :

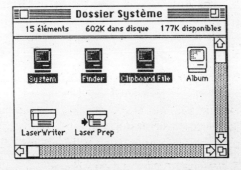

2°) appliquer la méthode du **shift-clic** (désolé pour le franglais, mais "cliquage avec le clavier en corbeille haute" nous semble un peu lourd) ; en d'autres termes : garder le doigt sur la touche majuscule, puis cliquer successivement sur chaque icône à sélectionner. Mac les fera passer en vidéo inverse l'une après l'autre, pour vous tenir au courant de la situation ; notons encore que si une des sélections ne vous plaît plus, vous pouvez recliquer son icône, toujours avec la touche shift enfoncée : elle repassera en vidéo normale, signe tangible de sa sortie de la sélection.

La suite fait partie de la routine : vous vous emparez symboliquement de la sélection à l'aide de la souris, vous la faites glisser dans la disquette de destination, ou dans sa fenêtre, en vous aidant des silhouettes que Mac dessine pendant l'opération.

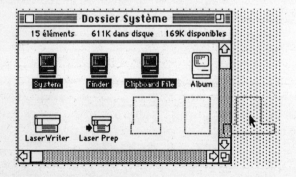

Pendant la copie, le message :

vous tient au courant de la suite des événements à la manière imagée typique de Mac.

Copies et dossiers

Nous avons pris comme exemples un ou plusieurs *documents* à copier, mais tout ceci vaut également pour des *dossiers*. C'est d'ailleurs une façon d'éviter les sélections multiples que de regrouper tout ce qui est à copier dans un dossier, et de glisser ensuite ce dossier entier où vous le désirez. Comme nous l'avons déjà vu, un dossier vierge s'obtient simplement en faisant appel à l'article **Nouveau dossier** dans le menu **Fichier**. Et pour lui donner le nom de votre choix, il n'y rien à faire sinon taper ce nom au clavier : vous le verrez remplacer `Dossier vide` pendant votre frappe.

Réciproquement, rien ne vous empêche de copier ce que vous voulez *dans un dossier* de l'autre unité. Deux manières de faire comme toujours : glisser les documents sur l'icône du dossier de destination, ou bien ouvrir ce dossier et glisser les objets à copier dans la fenêtre ainsi obtenue.

Ce que nous venons d'expliquer d'une disquette à l'autre est tout aussi praticable entre les dossiers d'une même disquette, ou d'un même disque dur. On peut donc définir des dossiers, des dossiers dans les dossiers, des sous-dossiers des dossiers placés dans les dossiers, et faire voyager programmes et documents dans toute cette organisation, dans toute cette *arborescence* de dossiers, pour utiliser le terme propre. Un fait important est à noter : copier un document de la disquette A vers la disquette B est en réalité une manière d'en générer un duplicata ; nous avons déjà dit que l'original reste où il est. A une exception près cependant, et une exception qui mérite d'être soigneusement notée. Si vous *jetez* une application ou un document dans la corbeille, et que pris d'un remords tardif vous vous dites : "mais non, je n'aurais pas dû", il est facile de retrouver l'objet inconsidérément écarté du bureau. Il suffit d'ouvrir ladite corbeille, par la méthode de votre choix, de saisir dans sa fenêtre les fichiers à récupérer, comme nous venons de l'expliquer, et de les faire glisser dans une fenêtre ou dans dossier du bureau. Les originaux quitteront la corbeille, et se trouveront à votre disposition pour de nouvelles aventures.

Dupliquer

La circulation à l'intérieur des dossiers d'une même disquette déplace l'exemplaire qui en est l'objet, sans générer de copie ; il faut dire que sans cela on serait très rapidement encombré de copies de toutes sortes.

Il peut arriver cependant que dupliquer un document soit nécessaire ; pensez par exemple à un texte dont vous voulez sortir plusieurs versions, tout en conservant la partie commune. Cette opération est prévue dans le menu **Fichier** : elle s'appelle simplement **Dupliquer**. Et si l'icône soumise à duplication s'appelle Dossier, Mac vous fournira une nouvelle icône sous le nom : Copie de Dossier, afin qu'aucun doute ne soit permis sur l'identité du nouveau venu.

Dossier   Copie de Dossier

Une pause

Sans vouloir vexer le lecteur attentif, nous sommes loin de tout savoir sur l'ami Mac, mais nous sommes suffisamment renseignés pour pouvoir commencer à travailler. Et après tout, rien ne nous empêche de décider que l'heure de la pause est arrivée. "Pas de problème", direz-vous, "je sais où se trouve l'interrupteur."

Eh bien non, il vaut mieux faire les choses poliment, et signaler à notre estimable ami notre intention de le mettre en sommeil. Le menu **Rangement** contient ce qu'il faut : **Eteindre**.

Le message qui apparaît alors est clair : autorisation d'éteindre en toute quiétude, ou bien possibilité de re-démarrer.

Résumons-nous

D'une manière générale, la première mesure de prudence en matière de micro est de réaliser au moins une copie des documents ou des programmes que l'on utilise.

Avant de copier quoi que ce soit sur une disquette neuve, il faut la *formater*. Cela se fait simplement en la glissant dans un lecteur, et en cliquant sur **Double-face** à la question posée par Mac sur le type de formatage à faire.

Glisser une disquette sur une autre forme une copie complète, un duplicata de la première.

Glisser un ou plusieurs documents sélectionnés sur une autre disquette forme une copie de ces documents. Les glisser d'un dossier à l'autre dans une même disquette ne fait que les déplacer, sans générer de copie.

Pour sélectionner plusieurs documents, deux méthodes sont possibles :

- les entourer avec le pointeur
- les cliquer l'un après l'autre en tenant la touche ⬆ enfoncée.

On peut dupliquer un document sélectionné dans une disquette en choisissant l'article **Dupliquer** dans le menu **Fichier**.

Avant d'éteindre Mac, il vaut mieux mettre tout en ordre en choisissant l'article **Eteindre** dans le menu **Rangement**.

☾ ☾ ☾

Ecrire avec Mac

Notre exploration va se poursuivre un peu comme on découvre les poupées russes : nous avons ouvert des boîtes, puis les disquettes se trouvant dans ces boîtes, puis les dossiers se trouvant dans les disquettes que contenaient les boîtes, puis les icônes se trouvant dans les dossiers que contenaient les disquettes que contenaient les boîtes.

Il nous reste une poupée à ouvrir : qu'y a-t-il derrière les icônes ? Nous les avons déjà classées en trois groupes, système, documents, applications. Mais après tout, les fichiers système sont conçus pour faire tourner des applications, et les documents sont engendrés par ces applications.

C'est donc sur ces dernières que nous allons concentrer notre attention, bien que cela pose un petit problème. On pourrait se dire, en effet, que la société **Apple Computer** fabrique des Macintosh, et que c'est aux programmeurs de construire des applications : en parler serait s'éloigner du sujet.

Mais en fait, il faut savoir qu'une des grandes caractéristiques de Mr Mac est d'offrir aux développeurs une impressionnante panoplie d'outils, qu'il suffit d'appeler à partir de leurs programmes. Par exemple, les menus déroulants avec leurs articles, ou les fenêtres avec leurs attributs, sont reproductibles dans n'importe quelle application à l'aide de quelques instructions simples.

Cela implique une remarquable unité dans la *présentation* des applications ; toutes les techniques que nous avons vues dans les chapitres précédents, comme pointer, cliquer, faire glisser, se retrouvent dans presque tous les programmes. Donc, pour comprendre les manipulations communes à ces applications, il est nécessaire d'en **ouvrir** quelques-unes.

Nous avons choisi de regarder d'un peu plus près **Mac Write**, **Mac Paint**, **Mac Draw**, pour des raisons très simples : elles sont aussi vieilles que Mac, elles peuvent être considérées comme des exemples de ce que Mac peut faire. Et même si elles paraissent aujourd'hui un peu dépassées, vous verrez qu'après tout, elles ne se défendent pas si mal pour leur âge.

Nous commencerons par Mac Write, pour illustrer la manière dont Mac traite les *textes*.

La fenêtre de Mac Write

Lancer une application se fait comme ouvrir un disque, une disquette ou un dossier : soit un simple clic sur son icône et le choix de l'option **Ouvrir** dans le menu **Fichier**, soit un double-clic sur l'icône.

La réaction immédiate de notre ami est de nous présenter une *fenêtre de travail*, dans laquelle nous reconnaissons un certain nombre de parties : la barre de titre, la case de fermeture, la case de taille, le dérouleur vertical. On y voit aussi quelques attributs neufs, et quelques autres ont l'air de manquer.

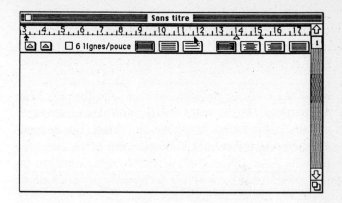

Cela nous permet déjà de noter que Mac construit des fenêtres types, auxquelles le programmeur est libre d'ajouter ou d'enlever des choses.

Un premier ajout est celui-ci, facile à comprendre :

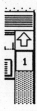

Mac Write nous indique dans l'ascenseur le numéro de la page présente à l'écran.

Autre ajout, bien plus fondamental : le long dessin du dessus de la fenêtre, dont le premier aspect est peut-être un peu confus. Il est essentiel, cependant, et nous allons en détailler toutes les parties ; il constitue ce que nous appellerons la :

Règle

La partie supérieure est l'*échelle*, qui permet de reporter sur le papier les distances de l'écran. Elle est graduée en centimètres, ce qui ne gâte rien.

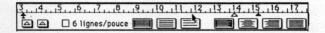

C'est aussi sous cette échelle que se trouvent les outils de mise en page, dont les noms sont classiques :

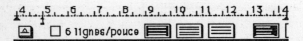

marge   retrait de   marge
gauche   paragraphe   droite

Avec cette disposition, voici comment se présente un texte :

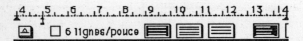

Il dit et il tire le glaive aigu suspendu à son flanc, le glaive grand et fort ; puis, se ramassant, il prend son élan, tel l'aigle de haut vol qui s'en va à la plaine à travers les nues ténébreuses, pour ravir un tendre agneau ou un lièvre qui se terre ; tel s'élance Hector, agitant son glaive aigu.

Achille aussi bondit ; son coeur se remplit d'une ardeur sauvage ; il couvre sa poitrine de son bel écu ouvragé ; sur son front oscille son casque étincelant à quatre bossettes, où voltige la crinière d'or splendide, qu'Hephæstos a fait tomber en masse autour du cimier.

Comme dans tout traitement de texte, l'opération *aller à la ligne* est **automatique** : lorsqu'un mot ne peut plus s'inscrire entièrement sur la ligne courante, il s'en va tout seul sur la suivante. Surtout, si vous débutez en la matière, ne placez pas des retours chariot à chaque ligne : c'est le logiciel qui s'en charge. Taper un texte est donc très facile, il ne faut absolument pas calculer sa présentation en cours de frappe.

La touche retour chariot, marquée du signe ←⎟ et située à la droite du clavier, sert à demander un *nouveau paragraphe*. C'est donc cette touche qui fait commencer à la ligne suivante, sous le signe ⬆ du retrait de paragraphe, et pas sous la marge gauche indiquée par ▲.

Tabulations

Comme toutes les machines à écrire, Mac Write permet de poser des *taquets de tabulation*. Ils servent à disposer le texte en colonnes, et se trouvent dans les "réservoirs à taquets" :

Les placer se fait avec la technique Mac : en saisir un du pointeur dans son réservoir, et le placer sur la règle à l'endroit voulu en faisant glisser. Les enlever est encore plus simple : faire glisser hors de la règle. Une fois placés, ces taquets s'utilisent d'une manière tout-à-fait classique : la touche TAB fait passer le pointeur de l'un à l'autre.

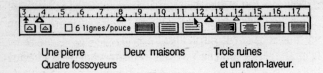

Une pierre   Deux maisons   Trois ruines
Quatre fossoyeurs   et un raton-laveur.

S'il y a deux sortes de taquets, c'est parce que le simple alignement ne suffit pas toujours. Pour des travaux comportant des nombres, c'est l'*alignement sur le point décimal* qui est utile; c'est à cela que sert l'autre réservoir.

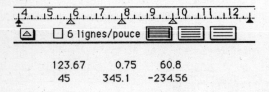

123.67   0.75   60.8
45   345.1   -234.56

Interlignes

L'interligne peut se régler par l'instruction 6 lignes au pouce, mais aussi et surtout par les trois icônes d'à côté:

Un clic dans une des boîtes l'inverse pour marquer son choix. Nous allons montrer cela en reprenant le texte précédent, ce dont nous espérons qu'Homère ne nous en voudra pas. Voici l'interligne simple :

Il dit, et il tire le glaive aigu suspendu à son flanc, le glaive grand et fort ; puis, se amassant, il prend son élan, tel l'aigle de haut vol qui s'en va à la plaine, à travers les nuées ténébreuses, pour ravir un tendre agneau ou un lièvre qui se terre ; tel s'élance Hector, agitant son glaive aigu.

Puis l'interligne un et demi :

Il dit, et il tire le glaive aigu suspendu à son flanc, le glaive grand et fort ; puis, se amassant, il prend son élan, tel l'aigle de haut vol qui s'en va à la plaine, à travers les nuées ténébreuses, pour ravir un tendre agneau ou un lièvre qui se terre ; tel s'élance Hector, agitant son glaive aigu.

Et enfin l'interligne double :

Il dit, et il tire le glaive aigu suspendu à son flanc, le glaive grand et fort ; puis, se amassant, il prend son élan, tel l'aigle de haut vol qui s'en va à la plaine, à travers les nuées ténébreuses, pour ravir un tendre agneau ou un lièvre qui se terre ; tel s'élance Hector, agitant son glaive aigu.

Cadrages

Les quatre boîtes suivantes concernent également la présentation, mais portent sur le *cadrage*.

On distingue dans l'ordre le cadrage *à gauche*, où les lignes sont alignées sous la marge gauche, le *centrage*, où toutes les lignes sont centrées entre les marges, le cadrage *à droite*, et la *justification*, où les bords gauche *et* droit sont alignés sous les marges du même nom.

Il dit, et il tire le glaive aigu suspendu à son flanc, le glaive grand et fort ; puis, se amassant, il prend son élan, tel l'aigle de haut vol qui s'en va à la plaine, à travers les nuées ténébreuses, pour ravir un tendre agneau ou un lièvre qui se terre ; tel s'élance Hector, agitant son glaive aigu.

Il dit, et il tire le glaive aigu suspendu à son flanc, le glaivegrand et fort ; puis, se amassant, il prend son élan, tel l'aigle de haut vol qui s'en va à la plaine, à travers les nuées ténébreuses, pour ravir un tendre agneau ou un lièvre qui se terre ; tel s'élance Hector, agitant son glaive aigu.

Il dit, et il tire le glaive aigu suspendu à son flanc, le glaive grand et fort ; puis, se amassant, il prend son élan, tel l'aigle de haut vol qui s'en va à la plaine, à travers les nuées ténébreuses, pour ravir un tendre agneau ou un lièvre qui se terre ; tel s'élance Hector, agitant son glaive aigu.

Insistons encore sur le fait qu'une modification de présentation se répercute en temps réel sur le texte : si vous faites glisser la marge gauche, toute sa partie gauche suit votre mouvement de souris ; si vous passez du cadrage gauche au centrage, toutes les lignes se centrent aussitôt.

Corriger un texte

Jusqu'ici tous les textes que nous vous avons montrés étaient déjà "dans la boîte". Or, tous ceux qui manipulent les textes savent très bien que le problème principal se situe *avant*; c'est peut-être prosaïque, mais bien réel: un bon traitement de texte doit offrir un moyen simple de **corriger les fautes**. Ce détail fit la fortune des fabricants de rubans correcteurs et papiers liquides de tout genre, mais l'informatique devrait rendre tout cela inutile, parce que l'idée essentielle est celle-ci : un traitement de texte sépare le travail en deux phases distinctes : **la saisie du texte d'une part, son impression de l'autre.** Toutes les corrections sont donc encore possibles après la frappe.

Pour revenir à notre programme, il faut comprendre tout d'abord que le pointeur s'y dédouble : il reste dans la règle ou la barre des menus, mais devient ⅄ dans le texte. D'autre part, il affiche en permanence une barre verticale clignotante, qui marque le *point d'insertion* : c'est là que s'inscrira le prochain caractère frappé au clavier. Normalement, la position du pointeur

se détermine automatiquement : le caractère suivant en
cours de paragraphe, la ligne suivante avec retrait pour
un nouveau. Mais pour modifier ce point, il suffit de
placer ce pointeur en X à l'endroit désiré et de cliquer :
la │ clignotante vous montre votre nouvelle position de
travail. Pour supprimer le caractère précédent, il suffit
alors de frapper sur la touche ←   , située à droite du
clavier. Pour une correction englobant plusieurs caractères, une autre technique est possible : glisser le pointeur sur le groupe à supprimer ou à remplacer ; Mac
nous montre cette sélection comme il le fait pour toutes
les sélections, par un passage en vidéo inverse :

Il dit, et il tire le **glaive aigu** suspendu à son flanc, le glaive grand
et fort; puis, se ramassant, il prend son élan, tel l'aigle de haut vol,

Il suffit à ce moment de taper le nouveau texte, qui
prendra la place de l'ancien ; et Mac Write, remar-
quons-le au passage, recalculera tout pour conserver la
présentation choisie.

Si la correction à faire concerne un mot, sa sélection
peut se faire sans glisser, à l'aide d'un double-clic. S'il
s'agit d'une suite de caractères, on peut l'inverser en
plaçant le point d'insertion à une extrémité de la suite, le
pointeur à l'autre, et en cliquant avec la touche majuscule enfoncée : ceci s'appelle un *shift-clic*, et nous
l'avons déjà utilisé pour sélectionner des icônes dans
une fenêtre.

Allons plus loin. Si, réflexion faite, cette correction ne
vous satisfait pas, **Annuler la frappe** :

du menu **Edition** replacera le glaive aigu au flanc du noble guerrier. Ceci est une caractéristique très générale de notre ami Macintosh : *la plupart des opérations qu'il enregistre sont annulables de la manière que nous venons de décrire, et cette option restitue l'état précédent.*

Couper / Coller

Tant que nous y sommes, étudions-le, ce menu :

Couper, Copier, Coller, font référence au texte sélec-

tionné. Couper, comme son nom l'indique, le fait disparaître, ce qu'évite Copier ; Coller invoquée après une de
ces deux options restitue le texte sélectionné au point
d'insertion courant. Il est donc possible de *déplacer*
une sélection, par la paire Couper/Coller, ou de la *dupliquer,* par Copier/Coller.

Ces opérations n'ont rien de mystérieux : Couper
comme Coller recopient la sélection dans une zone spéciale baptisée **Presse-papiers**. Ce que permet le dernier article du menu est l'examen de ce presse-papiers,
qui se présente sous une forme familière :

Toujours pour ces corrections — vous voyez qu'on y a
vraiment pensé — un menu supplémentaire est disponible :

Il permet comme son nom l'indique une recherche plus
intelligente. Si glaive doit être remplacé systématiquement par sucre d'orge dans un texte de deux cents
pages, il risque d'être un peu fastidieux de les parcourir

toutes afin d'y pointer l'expression cherchée.

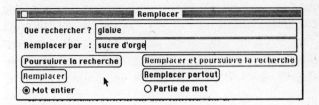

Par contre, l'option **Remplacer** le fera rapidement, sans rien oublier.

Le dernier article de ce menu est destiné à chercher rapidement une page à l'aide de son numéro ; il fait sans doute un peu double emploi avec la bande de défilement, mais son but est pécisément de trouver la bonne page sans devoir faire défiler.

Des caractères et des styles

Le menu **Caractères** déroule une longue liste contenant des mots assez bizarres. Contrairement aux apparences, il ne s'agit pas d'un code ésotérique, mais des *polices de caractères*. Mac fut en effet le premier micro capable de gérer des textes où le dessin des caractères varie, et de les montrer à l'écran. Le texte que vous avez sous les yeux utilise une police classique, nommée **Times**, mais voici quelques exemples d'autres polices.

Ceci est rédigé en Geneva.

Ceci est rédigé en Athens.

Ceci est rédigé en BostonII.

Ceci est rédigé en Chicago by night.

Ceci est rédigé en Helvetica.

Ceci est rédigé en Monaco.

Ceci est rédigé en Palo Alto.

Dans la foulée, voyons quelques polices un peu plus exotiques :

$\Psi\epsilon\psi\iota \ \epsilon\sigma\tau \ \rho\delta\iota\gamma \ \epsilon\nu \ H\epsilon\lambda\lambda\alpha\sigma, \ \psi'\epsilon\sigma\tau--\delta\iota\rho\epsilon \ \epsilon\nu \ \gamma\rho\epsilon\psi \ \psi\lambda\alpha\sigma\sigma\iota\varsigma\theta\epsilon.$

Ceci est rédigé en Regency

Script

♩♪▉♪♪▉♪ ♪c♫▉♪♭ ♪o♭l▉♪l♭₀₀♫p♪♩♩

Même s'il n'y paraît pas, cette dernière ligne provient tout simplement de la frappe d'un texte, mais avec une police dans laquelle chaque caractère a été remplacé par un caractère musical.

D'autres variations de présentation sont encore possibles grâce au menu suivant :

Style	
✓Standard	⌘A
Gras	⌘Z
Italique	⌘E
<u>Souligné</u>	⌘R
Relief	⌘T
Ombre	⌘Y
En exposant	⌘H
En indice	⌘L
9 points	
✓10 points	
12 points	
14 points	
18 points	
24 points	

Gardons notre police Times en variant les tailles et les styles.

Ceci est tapé en standard.

Ceci est tapé en gras.

Ceci est tapé en italique.

<u>Ceci est tapé en souligné.</u>

Ceci est tapé en relief.

Ceci est tapé en ombré.

Le mot suivant est tapé en ^{exposant}.

Le mot suivant est tapé en $_{indice}$.

Rien n'interdit d'ailleurs de combiner les styles : voici une phrase de Raymond Queneau en gras italique souligné :

<u>Jules entra. Y avait foule.</u>

Enfin, en plus des polices et des styles, on peut varier la *taille* des caractères.

Ceci est le Times standard taille 9.

Ceci est le Times standard taille 10.

Ceci est le Times standard taille 12.

Ceci est le Times standard taille 14.

Ceci est le Times standard taille 18.

Ceci est le Times standard 24.

Il faut ajouter que toutes les polices ne sont pas aussi complètes; certaines d'entre elles ne sont bien dessinées qu'avec une seule taille, d'autre avec deux ou trois. De toute manière, quelles que soient la police et la taille, Mac vous dessinera quelque chose ; si ce que vous demandez n'est pas défini explicitement, le résultat sera cependant assez approximatif. Le menu Style vous montre les tailles définies et celles qui ne le sont pas : les bonnes figurent en chiffres de style relief, les autres en chiffres ordinaires.

Plusieurs règles

Nous savons que la règle et ses diverses options déterminent la présentation du texte. Oui, mais jusqu'où ? Ou encore, pour poser autrement la même question, est-il possible de changer de présentation en cours de texte ? La réponse est oui, et le menu pour le faire s'intitule **Format**.

Insérer une règle glisse immédiatement une nouvelle règle au point d'insertion. Elle est identique à celle qui précède, mais elle attend docilement vos modifications. Tout ce que vous taperez après les respectera, jusqu'à ce que vous en introduisiez encore une autre, naturellement. Ceci est assez pratique, mais peut tout de même poser un problème ; supposez que vous ayez simplement un paragraphe de mise en page différente à faire, pour revenir à l'ancienne règle ensuite. Il faudra insérer une troisième règle, et lui donner l'aspect de la première ; cela risque d'être fastidieux.

Format

Insérer une règle
Masquer les règles
Ouvrir l'en-tête
Ouvrir le pied de page
Masquer l'en-tête
Afficher le pied de page
Définir la pagination...
Insérer un saut de page
Page de titre

Cadrer à gauche   ⌘N
Centrer   ⌘M
Cadrer à droite   ⌘R
Justification totale   ⌘J
Utiliser une règle   ⌘D

Une astuce possible est celle-ci : vous insérez *deux* règles, et vous modifiez l'intermédiaire. La suite du texte pourra s'inscrire après la dernière, qui ne sera jamais qu'une copie de la première.

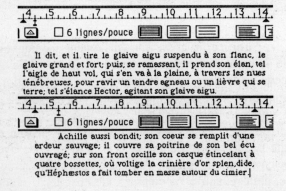

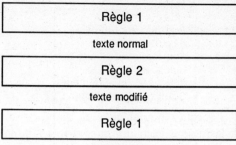

Autre astuce, beaucoup plus *Mac* celle-là : sélectionner la règle d'origine, la copier dans le Presse-papiers, et la coller là où la présentation originale doit reprendre. Cette sélection se fait par un simple clic sur l'échelle, et fait comme d'habitude passer l'objet sélectionné en inverse :

Cela permet aussi d'effacer une règle devenue indésirable.

L'article suivant fonctionne en va-et-vient, et modifie même son libellé en conséquence ; il permet d'enlever, ou de reprendre, l'affichage des règles. Lorsqu'il y en a un certain nombre, il faut reconnaître qu'elles deviennent un peu encombrantes sur cet écran.

Cadrer un paragraphe

Le groupe d'articles figurant au-dessous de la ligne pointillée est à première vue un bel exemple de double emploi : pourquoi ajouter dans un menu ce qui existe déjà sur la règle ? Pour une raison très simple : vous pouvez avoir envie de modifier le cadrage d'**un** paragraphe, sans pour autant jouer avec les règles comme nous venons de le voir.

Cadrer à gauche	⌘N
Centrer	⌘M
Cadrer à droite	⌘R
Justification totale	⌘J
Utiliser une règle	⌘D

Il suffit pour ce faire de placer le pointeur dans le paragraphe visé, et de cliquer l'article correspondant au cadrage voulu. Le dernier article, **Utiliser une règle**, est une manière d'annuler cette opération, pour revenir à l'application de la règle courante.

En-têtes et pieds de page

Dans tous les livres, et c'est le cas aussi de celui que vous tenez en main, il y a des éléments qui se répètent de page en page, soit au-dessus du texte, on parle dans ce cas d'**En-tête**, soit au-dessous du texte, ce qui s'appelle un

Pied de page. Le menu **Format** vous permet de définir les deux.

L'appel d'un de ces articles fait apparaître, comme d'habitude oserions-nous dire, une fenêtre destinée à définir son contenu. Elle contient une règle, ce qui est assez normal puisqu'il s'agit de définir du texte, ainsi que des outils spéciaux.

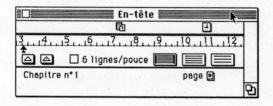

▣ définit la numérotation automatique des pages,
▨ indique la date du jour,
▣ indique l'heure.

Nous y reviendrons dans la description du bureau, mais sachez dès à présent que Mac possède dedans ses entrailles une montre qui fonctionne même lorsqu'il est éteint, ce qui explique le fonctionnement des deux dernières icônes.

Pour les activer dans un document, la technique est évidente : les faire glisser *sous* la règle. Les caractères qu'elles engendrent sont, comme tous les autres, réglables en police, en taille, en style...

Sauf mention expresse du contraire, l'outil de pagination commence son travail par le numéro 1. Cette mention se fait par l'article **Définir la pagination**, et par la fenêtre qu'il envoie à son appel :

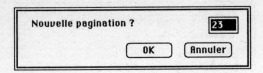

L'option **Page de titre**, enfin, est destinée à inhiber la première page d'un texte ; les en-têtes et pieds de page n'y figureront donc pas si un **V** est dessiné à côté de l'article.

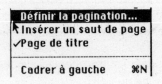

Les documents Mac Write

Sauver un document

Comme chacun sait, la mémoire d'un ordinateur est très maniable, mais aussi très volatile : la moindre petite interruption de courant lui fait tout oublier. Il faut donc que nous apprenions à sauver notre travail.

Remarquons tout d'abord que Mac pense aux petits distraits. Si d'aventure vous essayez de quitter votre texte sans le sauver, notre ami envoie une fenêtre de dialogue :

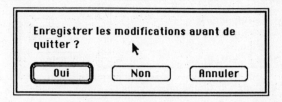

Enregistrer les modifications avant de quitter ?

Oui   Non   Annuler

Donc, si vous laissez disparaître le fruit de vos efforts par une fin de travail intempestive, ce sera vraiment de votre faute. Mais en fait, il est nettement préférable de ne pas attendre la fin pour penser à sauver ; la prudence la plus élémentaire suggère de le faire à intervalles réguliers, toutes les dix minutes par exemple, afin de ne perdre qu'un minimum en cas d'accident (une panne de secteur, un fusible qui saute, votre collègue qui se prend les pieds dans les fils et arrache la prise...).

Les ordres d'enregistrement figurent dans le menu **Fichier**, sous deux articles différents.

Fichier
Nouveau
Ouvrir...
Fermer
Enregistrer
Enregistrer sous...
Format d'impression...
Imprimer...
Quitter

Au premier appel, **Enregistrer** amène une fenêtre de dialogue qui permet de nommer le document, et de choisir l'unité sur laquelle se fera la sauvegarde.

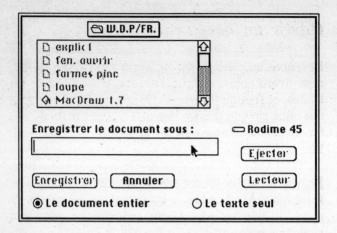

Après cela, le nom attribué apparaîtra dans la barre de titre de la fenêtre de travail, et tous les appels ultérieurs à l'article d'enregistrement se feront sous le même nom et au même endroit. Vous pouvez aussi décider de doubler la sécurité et, par exemple, d'enregistrer une deuxième fois votre document sous un autre nom et à un autre endroit. L'option **Enregistrer sous...** est prévue pour cela. Elle envoie à l'écran la même fenêtre de dialogue que lors de la première sauvegarde, ce qui vous permet de changer de nom, et de choisir une autre unité ou un autre dossier.

Un autre endroit, un autre dossier, une autre unité... c'est bien gentil, mais comment fait-on pour *voyager* dans tout cela ? C'est ce que nous allons voir maintenant, car comme bien l'on pense, trouver où enregistrer ou retrouver un document déjà enregistré se font de la même manière.

Ouvrir un document

Revenons au point de départ : pour ouvrir Mac Write, nous avons appris deux techniques, le double-clic sur l'icône, et l'option **Ouvrir**. Plaçons-nous à présent dans une autre situation : nous avons déjà défini et enregistré un document, nous avons fait autre chose, et nous voulons le retravailler.

<u>**Première méthode**</u> : lancer le traitement de texte, fermer la fenêtre vierge qu'elle nous envoie spontanément d'un clic dans la case prévue à cet effet, puis choisir à nouveau **Ouvrir** dans le menu **Fichier**.

La fenêtre de dialogue qui surgit à ce stade est très importante, car elle est typique du mode de travail Macintosh.

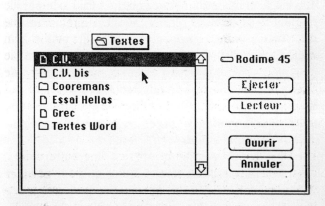

Elle contient cinq *petites icônes*, qu'il faut apprendre à connaître :

- figure un document
- figure un dossier *fermé*
- figure un dossier *ouvert*
- figure une disquette
- figure un disque dur

La liste bordée d'un ruban de défilement désigne des objets contenus dans le disque ou de la disquette dont le nom est indiqué à droite.

Le rectangle qui surmonte la liste indique plus précisément de quoi cette dernière est constituée ; c'est soit le titre d'un dossier, auquel cas l'icône est celle d'un dossier ouvert, soit le nom d'un disque ou d'une disquette, avec une des petites icônes que nous venons de voir.

A titre d'exemple, décryptons notre dessin : l'unité où tout se passe est un disque dur nommé ⊂⊃ Rodime 45, la liste est le contenu du dossier nommé ⊖ Textes ; elle contient deux dossiers fermés, nommés ⊐ Cooremans et ⊐ Textes Word, et trois documents : ⊓ C.V., ⊓ C.V. bis, ⊓ Essai Hellas, ⊓ Grec.

A ce stade, une remarque fondamentale s'impose :

seuls les documents engendrés par Mac Write sont mentionnés dans cette fenêtre.

Cela veut dire, et nous serons plus précis sur ce sujet dans un chapitre ultérieur, que chaque programme reconnaît ses enfants. Les dossiers, eux, sont tous indiqués, et c'est normal puisqu'ils sont tous susceptibles de contenir de "bons" documents.

Si le document cherché n'est pas dans la liste, il faudra circuler entre les disques et les dossiers. Dans ce but, la fenêtre qui nous occupe offre tout ce qu'il faut pour explorer tout ce qui est à la portée de votre Mac. Le titre de la liste opère exactement comme un menu ; un clic dans sa surface déroule le chemin parcouru :

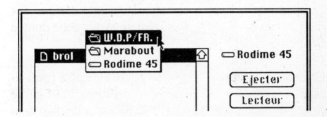

Le document brol se trouve dans le dossier W.D.P/FR, qui lui-même est dans le dossier Marabout, qui fait partie des dossiers du disque Rodime 45. *Descendre* dans ce menu revient donc à *remonter* dans la hiérarchie des dossiers, et la sélection d'un de ses articles correspond au choix d'un niveau supérieur. La descente dans la hiérarchie est tout aussi classique : sélectionner le dossier dans la liste, en jouant avec le ruban de défilement si nécessaire, ouvrir l'objet sélectionné soit par **Ouvrir** soit par double-clic. Un clic dans le nom d'unité situé à droite est une remontée radicale : il amène la liste des objets du premier niveau, ceux dont les icônes figurent dans la fenêtre de l'unité.

Il reste une chose à dire, et qui n'est pas un détail: une fois le document trouvé, c'est-à-dire présent dans la liste, comment l'ouvrir ? Eh bien, comme d'habitude : soit un clic dans le bouton **Ouvrir**, soit un double-clic sur son nom.

Deuxième méthode, applicable uniquement si l'application Mac Write n'est pas encore ouverte : chercher l'icône du document à ouvrir dans le bureau, et y faire un double-clic.

MacWrite   brol

Ce que nous avons souligné plus haut apparaît ici en sens inverse :

un document peut retrouver l'application qui l'a engendré.

Cette façon de faire est tellement simple qu'on pourrait se demander à quoi sert l'autre. Les apparences sont trompeuses, cependant, car "chercher le document" dans les fenêtres et les dossiers du bureau n'est pas nécessairement plus simple que de le faire à l'intérieur de la fenêtre de sélection.

Imprimer

Ecrire, modifier, enregistrer... Tout cela est bel et bien, mais il nous intéresse aussi d'obtenir un résultat tangible et palpable, un *texte sur papier* ; il faut reconnaître que sans cela, notre logiciel ne serait pas d'une utilité fulgurante.

Or, assez curieusement, la plupart des traitements de

texte du marché ont avec les imprimantes des relations aussi claires qu'un calembour rédigé en chinois médiéval.

Heureusement, avec notre ami Mac ces problèmes disparaissent. Nous verrons dans un chapitre spécial toutes les possibilités qui s'offrent à ses utilisateurs en matière d'impression, mais nous pouvons dès à présent aborder le sujet sur un cas de figure. Supposons qu'à côté de l'unité centrale se trouve une **Image Writer** et, bien sûr, que les deux appareils soient connectés par le cable ad hoc, celui qui est fourni avec l'imprimante.

Nous avons déroulé le menu Fichier il y a quelques pages, à propos de la gestion des documents en mémoire. Un nouveau coup d'oeil montre l'existence de deux articles consacrés au problème qui nous occupe :

Format d'impression...
Imprimer...

Le premier sert à définir deux choses : le format du papier utilisé, et la zone que l'image occupera sur une feuille de ce papier.

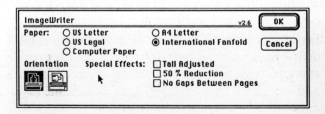

Les formats U.S. sont évidemment mesurés en pouces,

et pour s'y retrouver, il y a un principe simple à retenir.

Paper: ○ US Letter   ○ A4 Letter
        ○ US Legal   ● International Fanfold
        ○ Computer Paper

Les perforations d'entraînement sont distantes d'un *demi-pouce*, et la distance séparant le premier ou le dernier trou du bord est d'un *quart de pouce*. Il est donc simple d'établir une liste :

- s'il y a 22 trous par feuille, la longueur d'une feuille est de 11 pouces ; c'est le format **US Letter** et **Computer Paper** ;
- s'il y a 24 trous par feuille, cette longueur est de 12 pouces ; c'est le format **International Fanfold** ;
- s'il y a 26 trous, cette longueur est de 13 pouces ; c'est le format **US Legal**, la version américaine du papier ministre.

Le format A4 est une gentille concession à l'Europe; rappelons qu'il fait 210 X 297 mm.

Le choix des Special Effects fait varier la largeur occupée par l'impression. Au départ cette dimension est déterminée par le traitement de texte lui-même, et accessible à l'utilisateur par l'intermédiaire de l'échelle située sur la règle. Mais on peut la modifier de deux manières.

Special Effects: ☐ Tall Adjusted
                  ☐ 50 % Reduction
                  ☐ No Gaps Between Pages

Tall Adjusted élargit le texte imprimé d'environ 25%, ce

qui peut être utile pour les petites tailles de caractères, et 50% Reduction divise cette taille par deux, réduction intéressante, par exemple pour imprimer sur un contrat des clauses qui sont difficiles à lire par le signataire.

Les icônes **Orientation** sont un peu surprenantes, mais disent bien ce qu'elles veulent dire : celle de gauche fait imprimer normalement, avec des lignes parallèles au chariot, mais celle de droite provoque l'impression en sens contraire, *perpendiculairement* au chariot. L'effet recherché est donc de profiter de la hauteur de la feuille pour imprimer des lignes plus longues que la largeur habituelle, des vers à vingt-quatre pieds par exemple.

L'article **Imprimer...** va, comme son nom l'indique, lancer physiquement l'impression, après avoir recueilli les derniers paramètres nécessaires.

ImageWriter		v2.6	OK
Quality:	◉ Best	○ Faster ○ Draft	
Page Range:	◉ All	○ From: [ ] To: [ ]	Cancel
Copies:	[1]		
Paper Feed:	◉ Automatic	○ Hand Feed	

On y trouve :

1°) La qualité d'impression. Le choix est offert entre **Draft**, à traduire par Brouillon, **Faster**, et **Best**. Draft imprime en un seul passage, en oubliant radicalement les différences de polices et les images ;

Faster restitue tous les détails en deux passages de la tête d'impression, avec une qualité moyenne ; Best trace toutes les lignes et tous les dessins avec un soin maximum, mais aussi une vitesse plutôt faible.

2°) **Paper Range** travaille en liaison avec la numération automatique ; elle permet de choisir les pages que l'on désire imprimer.

3°) **Copies** sert évidemment à indiquer le nombre d'exemplaires désiré.

4°) **Paper Feed**, enfin, offre le choix entre l'entraînement à picots et l'entraînement à friction. Ce dernier mode est peut-être plus difficile à manier que l'autre, mais peut être utilisé, par exemple, pour imprimer sur du papier à en-tête.

Résumons-nous

Nous n'avons pas tout dit de Mac Write, et tel n'était pas notre intention. Pratiquement tout ce que nous venons de voir émane directement de Mac lui-même, et est simplement (!) mis en oeuvre par ce traitement de texte. Ce résumé est donc à regarder comme une liste de ce qui est mis à la disposition du monde extérieur par notre héros, et largement commun aux applications qu'il fait tourner.

Tout d'abord, une application s'ouvre exactement comme une disquette ou un dossier : double-clic ou **Ouvrir** du menu **Fichier** après sélection.
Les données dont elle s'occupe s'affichent dans une fenêtre de travail, à laquelle peuvent s'ajouter un certain nombre de fenêtres annexes de diverses formes : texte de l'en-tête, définition de la pagination...
Les caractères sont définis avec une assez grande variété de paramètres : la police, la taille, le style. Les textes sont subdivisés en paragraphes, cadrables chacun de toutes les manières possibles : à droite, à gauche, centrés, justifiés.
Un caractère est à considérer comme un objet, au même titre qu'un dossier ou une icône ; on peut le sélectionner, seul ou en groupe, avec l'effet d'inversion vidéo habituel.
Les fonctions Couper/Copier/Coller font transiter les données par une mémoire spéciale appelée Presse-papiers, à laquelle est associée une fenêtre particulière.

Tout document peut être mémorisé sur des unités à disques ou à disquettes, et ce en plusieurs exemplaires, à condition d'attribuer plusieurs noms.

La procédure de mémorisation utilise une fenêtre qui permet de choisir l'unité et le ou les dossiers dans lesquels la copie se placera.

On peut lancer le programme en demandant l'ouverture d'un document qu'il a engendré.

Cette ouverture peut aussi se faire lorsque le programme est déjà actif, et ce également au travers d'une fenêtre qui permet de choisir l'unité et le dossier dans lequel se trouve le document cherché.

Deux articles du menu Fichier permettent de déterminer tous les paramètres d'impression : type de papier, taille du texte, qualité d'impression, nombre d'exemplaires, numéros des pages choisies.

Peindre avec Mac

Notre deuxième logiciel type sera celui qui permet de *peindre* sur l'écran de Mac, entendez par là : dessiner au sens artistique du terme. A première vue ceci relève plutôt du gadget que de l'application sérieuse, et cette idée se répandit quelque peu lorsque Mac fut porté sur les fonds baptismaux.

Si nous soumettons ce chapitre sur **Mac Paint** au gentil lecteur, c'est forcément parce que nous sommes convaincus du contraire, et ce pour deux raisons : primo, il est l'oeuvre d'un des pères du Macintosh, **Bill Atkinson**, qui a de la sorte voulu montrer l'étendue des possibilités graphiques de son enfant ; secundo il illustre parfaitement une des deux manières de traiter les images.

Il faut savoir en effet que notre héros utilise un affichage défini comme ceci : l'écran est dessiné par 342 lignes, et une ligne est composée de la juxtaposition de 512 points. Chacun de ces 512X342 = 175 104 points peut être blanc ou noir : il n'en faut pas plus pour afficher tout ce qu'il est possible d'afficher sur un Mac. Ajoutons tout de même qu'on peut aller plus loin, et doubler cet écran par un autre, plus grand et de meilleure définition, mais nous y reviendrons.

Cela dit, si l'on veut travailler sur des images, la première idée est de procéder comme un peintre particulièrement patient : point par point. Mac Paint permet de procéder de la sorte, mais il faut bien dire que sans outil supplémentaire, cela risque de prendre du temps : à raison d'une demi-minute par point, ce qui n'est guère exagéré, il faut compter deux mois de travail, à condition de travailler 24 heures sur 24 ! Nous allons étudier comment réduire ce temps à quelques minutes, et ce grâce aux outils proposés par Mac Paint.

La fenêtre de Mac Paint

Commençons par une vision globale du programme, avec sa fenêtre de travail.

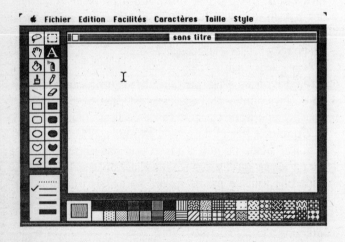

On y trouve, à part la barre des menus et la fenêtre classique, trois zones nouvelles. Celle de gauche est à scinder en deux : les **outils de dessin** et les **objets dessinables**. Nous avons disposé ces parties côte à côte pour mieux les voir, mais la fenêtre les affiche évidemment sur une seule colonne.

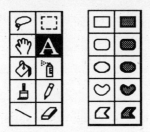

Le coin inférieur droit contient une image explicite :

C'est, comme on s'en doute, la liste des **épaisseurs de trait**. Enfin, la zone du bas contient ce que nous appellerons les **motifs** :

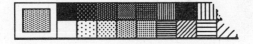

Reprenons tout cela dans le détail.

Objets

Les objets dessinables sont des formes géométriques simples : droites, rectangles, rectangles *adoucis* — nous utiliserons cette expression pour désigner un rectangle à "coins arrondis" , ellipses, auxquelles s'ajoutent les polygones quelconques et les formes courbes tout aussi quelconques. Voyons cela avec les icônes correspondantes.

Droites

C'est l'équivalent de la règle, qui permet donc de tracer des segments de droite. L'origine du segment est choisie à l'aide d'un curseur en forme de croix, et le segment se dessine en faisant glisser. Il ne prend sa place définitive qu'au lâcher du bouton, ce qui permet de l'ajuster facilement de la souris.

Rectangles

Les rectangles se dessinent en faisant glisser le curseur en croix le long d'une diagonale. Mac Paint ne permet pas de les situer en oblique par rapport à la fenêtre.

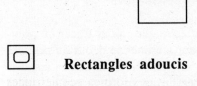

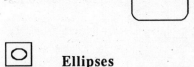

Rectangles adoucis

Le caractère adouci est un simple remplacement des
sommets par des quarts de cercles, dont le rayon n'est
pas réglable, du moins dans Mac Paint.

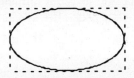

Ellipses

Pour dessiner une ellipse de diamètres donnés, il faut
l'imaginer inscrite dans un rectangle, et reprendre la
technique pécédente : faire glisser le long d'une diagonale. Nous avons représenté le rectangle d'inscription
en pointillé, mais il n'apparaît évidemment pas sur un
vrai dessin.

Les esprits futés auront deviné que, dans la mesure où
un cercle n'est jamais qu'un cas particulier d'ellipse, il
suffit pour en tracer un de parcourir la diagonale d'un
carré.

Polygones quelconques

Léger changement de technique : pour tracer un polygone quelconque, il faut marquer le début du premier segment d'un clic, et puis *relâcher* le bouton. La souris sera suivie d'une traînée droite, qui se fixera en côté à chaque clic. On peut donc tracer ainsi une suite ininterrompue de segments, une ligne brisée. La fin de cette suite s'obtient tout simplement par un double-clic.

On peut fermer le polygone, mais ce n'est pas obligatoire.

 Courbes quelconques

Cette option permet, on s'en doute un tantinet, de tracer des courbes absolument quelconques. Par exemple, voici deux courbes fermées qui forment un fruit, choisi au hasard dans ce que nous offre la nature :

Motifs

Les cinq formes que nous venons de passer en revue ont toutes un *bord*, et une zone que l'on peut considérer comme leur *intérieur*, en termes plus précis, nous dirons qu'elles définissent une *région*. Cette région peut être vide, mais aussi remplie par un certain **motif**. Ces motifs apparaissent au-dessous de la fenêtre de travail, comme nous l'avons déjà vu. Leur mise en oeuvre est on ne peut plus simple : un clic dans le motif désiré, et ce dernier remplit le rectangle situé à gauche du ruban.

A partir de ce moment, et jusqu'à une modification explicite, le choix d'une forme de la colonne de droite :

produira une région qui se remplira automatiquement de ce motif, et tous les traits se dessineront comme avec un rouleau où ce motif serait gravé.

Cela ouvre des possibilités surprenantes, comme le

montre le petit essai situé ci-dessus, réalisé en quelques secondes.

Outils

Nous avons déjà rencontré la panoplie des traits, allant du non-visible au très épais, avec trois stades intermédiaires :

Il faut y ajouter le fait que les formes se dessinent avec un bord dont l'épaisseur est indiquée dans le même rectangle. En combinant cela avec les motifs, on obtient des choses comme :

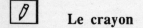 **Le crayon**

Le crayon est à peu près ce que l'on devine, c'est-à-dire l'instrument à tout faire, mais point par point. Il se distingue des outils de dessin déjà étudiés par le fait qu'il ne dépend ni du motif ni de l'épaisseur choisie.

Un crayon

Nous disions "à peu près", car il possède une propriété inconnue du crayon classique : il peut effacer ! En fait, il faut plutôt le voir comme un instrument qui change les couleurs : si le bouton est enfoncé dans une zone blanche, il trace un trait, s'il est enfoncé parmi des points existants, il les fait revenir au blanc.

 La gomme

Pour effacer, il est cependant plus pratique d'utiliser l'instrument spécial, appelé *gomme*, comme de juste. Elle fonctionne comme une gomme tout à fait ordinaire : là où elle passe, les points noirs s'effacent. C'est particulièrement pratique pour corriger les grausses fôtes :

Bonjourrrr

devient :

Bonjour □r

 Textes

Avec cette option nous nous retrouvons en pays de connaissance. Elle est évidemment destinée à la définition de textes, avec *toutes les possibilités que nous avons étudiées dans le chapitre précédent*.

Les menus correspondants ne constituent donc pas une
surprise ; tout au plus, ils confirment que ce qui concerne le texte est commun aux applications développées sur
Mac.

Caractères		Style			Taille	
▸Athens		✓Standard	⌘A		▸9 points	
Boston II		**Gras**	⌘Z		10	
Cairo		*Italique*	⌘E		✓12	
Chicago		<u>Souligné</u>	⌘R		14	
Chicago by Night		Relief	⌘T		18	
Courier		Ombre	⌘Y		24	
✓Geneva					36	
		✓Cadrer à gauche	⌘G		48	
		Centrer	⌘F		72	
		Cadrer à droite	⌘D			

Par exemple, on peut placer n'importe où sur le dessin
des lignes comme :

Geneva 18 standard

 Pinceaux

Il est difficile de concevoir un programme appelé Mac
Paint sans pinceaux : rassurez-vous, ils ne manquent
pas. Nous verrons un peu plus loin qu'une véritable
panoplie est disponible ; pour l'instant contentons-nous
d'en montrer un usage possible :

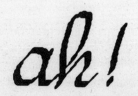

C'est peut-être moins joli qu'un caractère défini par Mac, mais c'est plus élégant qu'un trait de crayon.

 Pots de peinture

Le problème du pinceau, sur Mac comme sur un mur ordinaire, est de ne pas dépasser les bords. Notre logiciel le sait, et met à la disposition de ses utilisateurs un instrument qui remplit les surfaces sans bavure aucune.

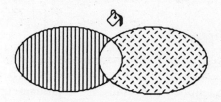

Son usage est évident : sélectionner dans le ruban des motifs celui que l'on veut utiliser, cliquer dans l'icône représentée dans notre titre, placer le pot qui devient le curseur dans la surface visée, faire clic avec...vous savez quoi. Que les bords soient droits, elliptiques ou courbes n'a aucune importance, Mac Paint calcule ce qu'il doit faire en quelques instants.

 Pulvérisateurs

Enfin, à part la peinture au pinceau ou le déversement d'un pot, une façon de mettre de la couleur est le pulvérisateur, la *bombe de peinture* si vous préférez.

Pour son usage, pensez simplement au bouton de la
souris comme à celui d'une bombe ; cela ne fait pas
psschit, mais l'effet graphique est le même.

Sélections

Après ce tour des divers moyens de produire un dessin,
ou un morceau de dessin, voyons ce qui est offert
comme assistance au dessinateur. Le menu **Edition** permet de traiter les groupes de points de diverses manières, mais avant tout, il importe de savoir comment on
les *sélectionne*. Deux outils sont proposés pour cela :

Le sélecteur s'utilise comme un rectangle : il en trace un
en pointillé, et c'est toute sa surface qui constitue la sélection. Le lasso, par contre, se manie un peu comme le
crayon ; il demande le dessin d'une surface fermée, de
forme quelconque d'ailleurs, et dont seul *le contenu
dessiné* sera sélectionné.

L'effet visuel est assez semblable ; voici notre ami Sherlock sélectionné, ses bords en sont tout tremblants.

Tant que ce clignotement a lieu, la sélection est à la disposition de la main qui tient la souris ; il suffit de la pointer, puis de la faire glisser selon le procédé habituel, avec le bouton enfoncé.

Pour illustrer la différence entre les deux outils, glissons notre héros à casquette sur un rectangle avec fond. La sélection par le sélecteur est, nous l'avons dit, rectangulaire. Il n'est donc pas étonnant de la voir occuper un rectangle :

Le lasso, par contre, n'emmène que le dessin, ce qui veut dire qu'il ne produira pas de zone blanche :

Retour au presse-papiers

Le presse-papiers est toujours accessible, et l'on peut y accéder avec chacun des procédés de sélection ; il suffit pour cela d'invoquer l'option **Copier** du menu **Edition**. Bien sûr, **Couper** fonctionne aussi, mais avec l'effet que l'on devine : faire disparaître le dessin original de la fenêtre de travail.

Cela veut donc dire que l'on peut sélectionner une image ou une partie d'image, la sauver dans le presse-papiers en la conservant ou en l'effaçant, et la recoller sur une autre partie du dessin. L'option **Coller** la place au centre de l'écran avec le clignotement de rigueur, ce qui vous rappelle qu'elle est prête à la glissade, sans manoeuvre supplémentaire. On peut aussi fermer le document en usage, et ouvrir un autre : le contenu du presse-papiers est toujours là. On peut même pousser la chose plus loin : quitter l'application Mac Paint, vaquer à d'autres occupations, puis y revenir : tant que vous n'avez pas éteint, ou du moins fait redémarrer la machine, le presse-papiers est encore et toujours fidèle au poste.

Voilà que cela nous inspire une idée. Si nous sauvions quelque chose dans le presse-papiers, pour fermer Mac Paint et ouvrir ensuite *Mac Write* : l'image peut-elle nous servir dans une **autre application** ? Eh bien, il n'y a qu'à essayer. Dessinons un cri célèbre avec le pinceau :

$$Bof!$$

envoyons-le dans le presse-papiers, et sortons de notre programme pour revenir au traitement de texte. Nous y composons une phrase d'un réalisme saisissant, par les procédés que nous connaissons depuis le chapitre précédent.

Si le point d'insertion se trouve au milieu de la phrase, et si le presse-papiers contient du texte, nous savons ce que donne l'option `Coller`. Essayons-la dans le contexte actuel :

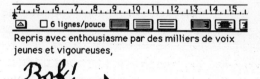

Repris avec enthousiasme par des milliers de voix jeunes et vigoureuses,

$$Bof!$$

apparaît décidément comme le nouveau cri de guerre de nos chers enfants.

Nous avons *inséré une image dans le texte*, et ce avec une facilité dérisoire! La position du cri n'est peut-être pas la meilleure, mais qu'à cela ne tienne : un clic dans "Bof!" montre que ce dessin est collé avec des outils.

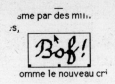

Le petit rectangle est déplaçable transversalement avec son contenu :

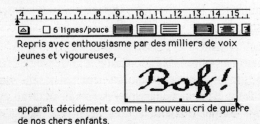

et les petits carrés noirs du bas permettent de modifier la forme et la taille du dessin, toujours en faisant glisser.

Traiter un dessin

Clôturons ce détour par le texte, et revenons à Mac Paint, ses fonctions et ses oeuvres.

Sélectionner peut se faire aussi sur un morceau de dessin, que l'on détache ainsi du restant :

On peut le détacher tout à fait, en appuyant sur la touche ← , qui **efface** la sélection.

Une autre touche, celle qui se trouve en bas à droite, et qui est marquée ⌐_ , permet de **dupliquer** une sélection. A titre d'exemple, emparons-nous d'un bonhomme profondément dubitatif, entourons-le, puis faisons le glisser avec cette touche enfoncée. Le résultat est qu'un frère jumeau apparaît sous le premier exemplaire, pour donner finalement une copie conforme. Voici ce monsieur en cours de duplication, entouré de sa grille, et complètement dupliqué, c'est-à-dire doublement pensif.

Ajoutons une petite astuce : si vous procédez à la duplication en maintenant la touche majuscules enfoncée, le nouvel exemplaire glissera soit horizontalement, soit verticalement, mais pas en oblique.

Le menu **Edition** permet encore un certain nombre d'opérations, mais qui dépendent du *mode de sélection*.

Edition	
Annuler	⌘W
Couper	⌘X
Copier	⌘C
Coller	⌘V
Effacer	
Inverser	
Remplir	
Contours	⌘B
Retourner horiz.	
Retourner vert.	
Faire pivoter	

  ⇒

Le lasso donne deux possibilités :

1°) inverser, ce qui veut dire : noircir ce qui était blanc, et réciproquement
2°) remplir, ce qui revient à noircir le tout.

Nous avons placé côte à côte un bonhomme de référence, et deux bonshommes traités :

| Original | Inverser | Remplir |

Le sélecteur donne un choix nettement plus vaste, ce qui est dû sans doute à la forme régulière de la zone sélectionnée.

```
Edition
Annuler          ⌘W
─────────────────────
Couper           ⌘X
Copier           ⌘C
Coller           ⌘U
Effacer
─────────────────────
Inverser
Remplir
Contours         ⌘B
Retourner horiz.
Retourner vert.
Faire pivoter
```

    ⇒

Voyons cela sur un exemple, en continuant d'infliger à ce pauvre penseur des traitements peu aimables.

Contours double les traits du bord.

Retourner horiz. fait une symétrie par rapport à un axe vertical. Vous remarquerez que notre penseur a changé de main pour supporter sa boîte à pensées.

Retourner vert. fait aussi une symétrie, mais place notre pauvre ami la tête en bas. La remarque sur la main droite remplacée par la main gauche est toujours valable.

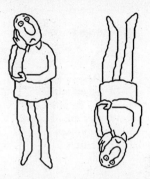

Enfin, **Faire pivoter** opère une rotation de 90°, ce qui implique entre autres que gauche et droite ne sont plus permutées.

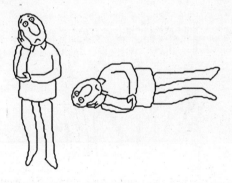

Facilités

A côté du menu **Edition** se trouve **Facilités**, qui permet d'affiner les outils de dessin que nous venons de voir. Voici ce menu :

La loupe est ce que vous devinez : un moyen d'agrandir
le dessin en cours :

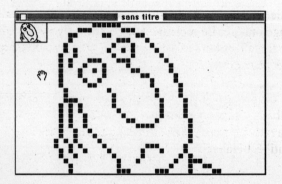

Le but est de permettre au dessinateur de travailler
vraiment *point par point*. Chacun d'eux devient un
carré accessible individuellement, et le crayon permet
d'en ajouter ou d'en retrancher sans confusion possible.
La petite fenêtre du coin supérieur gauche montre
l'évolution du dessin en taille réelle.

L'option **Afficher la page** est en quelque sorte
l'inverse de la loupe.

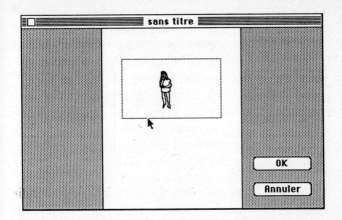

Elle montre le dessin en cours en proportions dans la page entière. Le rectangle en pointillé figure la fenêtre de travail, et est déplaçable avec le pointeur, de manière à déplacer cette zone dans la page si nécessaire.

A ce propos, le lecteur futé aura noté l'absence des rubans de défilement sur les bords de la fenêtre de travail. Ce n'est pas un oubli, ils sont remplacés par un outil équivalent :

Pour déplacer un dessin, il suffit de la poser n'importe où, puis de faire glisser, exactement comme vous le feriez avec une feuille ordinaire sur un bureau ordinaire :

Nous avons vu au début de ce chapitre que Mac Paint peut utiliser une palette de *motifs*, placée en-dessous de la fenêtre. Ils sont certes aussi jolis qu'ingénieusement dessinés, mais vous savez très bien que l'on trouve toujours tout, sauf ce que l'on cherche. C'est la raison pour laquelle notre logiciel permet de définir *nos propres motifs*.

L'option **Motifs** appelle une fenêtre prévue pour cela. Le pointeur permet d'ajouter ou de supprimer les points à votre guise, dans une matrice de 8 x 8. Le carré de droite vous montre l'effet produit sur l'ensemble :

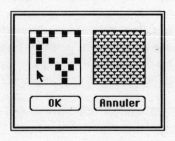

Un détail pratique : en fait, vous constituez un motif à partir d'un autre qu'un clic sur OK remplacera par votre oeuvre.

Le pinceau est intervenu à plusieurs reprises dans notre description, sans que nous disions d'où il tient sa forme. Nous allons combler cette lacune.

En fait, cet instrument n'a pas *une* forme, mais *beaucoup* de formes possibles. Comme d'habitude, elles sont à choisir dans une fenêtre, appelée par **Forme du pinceau**, que nous avons reproduite ci-dessous :

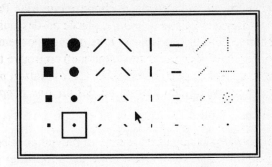

Il y en a de touts les profils et de toutes les épaisseurs, mais il faut préciser deux choses. Primo, les choix de la zone de droite donnent des intruments de peinture à poils très espacés, qui dessinent des sortes de fils de fer. Comme ceci par exemple :

Secondo, les pinceaux pleins ne produisent pas nécessairement des traits noirs. Ils respectent le motif choisi, celui qui figure devant la palette. Voici côte à côte un motif et les traits qu'il fait décrire :

Et nous n'avons pas encore tout dit. Il faut savoir en plus que l'option **Miroirs du pinceau** multiplie les effets de cet instrument. Elle fait apparaître, cela devient une litanie, une fenêtre de choix, montrant quatre miroirs possibles. Lorsque l'un d'eux est choisi, les traces du pinceau sont comme *reflétées* par ces miroirs.

On peut le voir autrement, comme ce que font les enfants avec de la peinture : on en met sur un endroit du papier, que l'on plie ensuite pour obtenir un effet de symétrie. Ici, les miroirs choisis sont les pliures du papier.

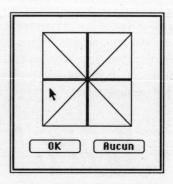

Voici ce que cela donne, avec un sujet interrogatif :

Nous achevons ici ce tour du dessin point par point, mais avant de passer au résumé, glissons un petit truc aux lecteurs (resp. lectrices) attentifs (resp. attentives).

Si vous appuyez en même temps sur la touche ⌘, sur la touche majuscule et sur 3, vous créez un document Mac Paint, qui sera une copie conforme de l'écran. (si vous remplacez 3 par 4, vous obtenez cette copie sur l'imprimante). Cela signifie qu'il est possible de l'ouvrir et de le retravailler avec tous les outils et toutes les techniques que nous nous venons de passer en revue.

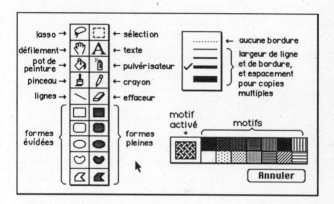

A titre de confidence, disons que presque tous les dessins de ce livre sont obtenus de cette manière. Par exemple, nous avons placé ci-dessus la copie de l'écran obtenue avec l'option **Introduction** du menu **Facilités**.

Les documents Mac Paint

Tout ce que nous avons vu à propos de l'enregistrement des documents Mac Write et de la navigation dans les dossiers hiérarchisés reste vrai. Un détail est à ajouter : une option permet de revenir sur les fausses manoeuvres, en demandant le retour à la version précédemment enregistrée.

Pour ce qui est de l'impression, par contre, trois articles sont proposés : **Impression rapide**, **Impression soignée**, **Imprimer le catalogue**. Les deux premiers sont assez clairs, ils correspondent aux choix *Fast* et *Best* du programme précédent. La troisième est neuve, mais son nom est explicite : elle permet d'obtenir une impression, sous forme de petites icônes, de tous les documents dont Mac Paint reconnaît la paternité.

Résumons-nous

Mac Paint produit des dessins point par point, procédé que l'on nomme *bit map* en anglais. Il propose pour ce faire des formes de base :

- les rectangles
- les rectangles adoucis
- les ellipses
- les courbes quelconques
- les lignes brisées

et des outils de dessin :

- une règle
- un crayon
- un pinceau
- un pulvérisateur
- un pot de peinture
- une gomme.

Chaque forme est limitée par un *bord*, et détermine une *région*. Le bord peut être tracé en cinq épaisseurs de trait. Une région peut être laissée en blanc ou suivre un *motif*, par l'usage des formes pleines, du pulvérisateur ou du pot de peinture.

Trente-huit motifs sont fournis au départ par le logiciel, mais l'utilisateur peut en définir soi-même dans une matrice de 8 X 8 points.

Deux outils de sélection permettent d'effacer, de déplacer, de modifier, de dupliquer une partie quelconque d'un dessin : le lasso et le sélecteur. Les modifications possibles sont : doubler les contours, inverser ou remplir la région. Les déplacements possibles sont le glissement au sens habituel, ou les opérations géométriques : symétrie par rapport à un axe horizontal, symétrie par rapport à un axe vertical, rotation de 90°. La sélection peut être dupliquée en la faisant glisser pendant que la touche *Alt* reste enfoncée.

Une loupe peut agrandir un détail sélectionné, de manière à rendre les points accessibles individuellement. La fenêtre de travail n'est qu'une partie de la feuille imprimable, ce qui rend nécessaire la possibilité d'afficher la page entière en réduction. Sur cette représentation le pointeur peut faire glisser la position relative de la fenêtre de travail.

En dimensions normales, les rubans de défilement sont remplacés par une petite main qui fait glisser la feuille sous la fenêtre.

Le pinceau est fourni avec une série d'options ; on peut définir sa forme, son épaisseur, l'écartement de ses "poils". On peut aussi l'utiliser avec duplication automatique de son travail par des effets de miroirs.

Les textes sont gérés par des menus identiques à ceux que l'on trouve sur Mac Write, et sont manipulables comme tous les objets dessinés.

Les outils de sélection fonctionnent encore avec le Presse-papiers, qui offre une mémorisation temporaire. On peut l'utiliser pour dupliquer une partie de dessin, pour passer une partie d'un dessin à un autre. Mais en plus, comme cet outil est commun à tous les logiciels, il peut servir à coller un dessin réalisé sous Mac Paint dans un texte défini par Mac Write.

Dessiner avec Mac

Dessiner, peindre... la différence peut sembler ténue. Est-il vraiment nécessaire d'ajouter une description de Mac **Draw** à celle de Mac **Paint** ? Eh bien oui, car malgré les apparences, ces deux logiciels ne sont pas à confondre.

Primo, parce que si Paint est orienté vers le dessin plus ou moins artistique, il n'en va pas de même pour Draw, dont le but est de nous introduire au monde du *dessin technique*.

Secundo, parce que leur manière de travailler est totalement différente. Nous avons insisté en effet sur l'idée du point par point, the bit-map principle in english, qui est le fondement de Mac Paint. Mac Draw, lui, **décrit des objets**.

Par exemple, si, pour Paint, un rectangle (sans motif de fond) est un ensemble de point noirs et de points blancs, pour Draw c'est une sorte de fiche contenant trois informations :

- un code indiquant qu'il s'agit d'un rectangle,
- un couple de nombres donnant les coordonnées du coin supérieur gauche,
- un couple de nombres donnant les coordonnées du coin inférieur droit.

Un dessin y apparaît donc comme une collection de figures, chacune décrite mathématiquement, plutôt que comme un ensemble de points. Les avantages de cette approche sont clairs : on peut déplacer ou déformer les parties avec la plus grande facilité, on peut les sélec-

tionner individuellement, les dupliquer, etc. De plus,
l'impression d'un dessin devient une liste d'ordres donnés à un périphérique, et pas simplement une carte des
points à noircir. Nous verrons bientôt que cet état d'esprit a engendré une petite révolution dans la micro ;
mais sans anticiper sur ce sujet, il est permis de penser à
d'autres appareils de sortie que les imprimantes. Le lecteur futé aura immédiatement pensé (mais si, mais si) à
une table traçante, une de ces tables magiques, qui dessinent toutes seules.

Eléments d'un dessin

La fenêtre de travail de Mac Draw ne présente pas
grand-chose de neuf : des menus au-dessus, des outils
sur le bord gauche.

La surface de dessin est quadrillée et bordée par des échelles, comme les règles de Mac Write.

Un dessin, c'est-à-dire un document Mac Draw, est à considérer comme un ensemble d'éléments graphiques, parmi lesquels nous distinguerons les **objets** et les **textes**. Chacun de ces éléments occupe sur le document une surface appelée **port graphique**. Il est visualisé par des petits carrés noirs sur sa périphérie, et nous verrons bientôt que ce concept est fondamental pour Mac Draw. Dans toutes les illustrations qui vont suivre, nous l'avons indiqué pour habituer le lecteur à sa présence. Il faut cependant noter que seuls le ou les objets *sélectionnés* sont entourés de ces petits carrés.

☐T☐ Textes

Commençons par ce qui nous est le plus familier. Les textes se définissent et se manipulent comme nous avons l'habitude de le voir.

Salut les poteaux !

Un premier menu déroule la liste des polices de caractères disponibles, avec les tailles respectives, et un autre permet de préciser le style. Seuls les derniers articles sont neufs pour ceux qui connaissent déjà Mac Write et Mac Paint :

> **Minuscules**
> **Majuscules**
> **Titre**

Ils permettent respectivement de transformer toutes les majuscules en minuscules, de transformer au contraire les minuscules en majuscules, de placer une majuscule au début de chaque mot.

⊞ ◺ Droites

Deux manières de tracer les droites sont disponibles : la première, dont l'icône est une croix, ne permet que le tracé de segments verticaux ou horizontaux, c'est-à-dire parallèles aux bords, suivant un quadrillage, et ce, indépendamment des déviations éventuelles de la souris. L'autre est la règle classique, qui donne des segments de direction absolument quelconque.

▢ Rectangles

Pas de surprise, l'objet construit à l'aide de cet outil est un rectangle :

On remarquera la coïncidence parfaite entre son contour et son port graphique.

▢ Rectangles adoucis

Il s'agit de rectangles un peu moins dangereux que les autres en cas d'orage, puisque les sommets pointus sont remplacés par des quarts de cercles.

▢ Ellipses

La position d'une ellipse se détermine de la même manière que sous Mac Paint, en décrivant une diagonale du rectangle qui la contient, et qui est ici son port graphique. Si le rectangle est un carré, l'ellipse obtenue est un cercle.

◣ Arcs

Les arcs sont sous-entendus, du moins au départ, comme des quarts d'ellipses, limités à un quadrant. Ils sont donc tangents à la verticale et à l'horizontale.

Courbes

Cet outil dessine des courbes au gré de votre fantaisie,

mais le port graphique y est plus apparent que jamais. Nous verrons plus loin qu'il est possible d'obtenir des courbes de manière bien plus subtile.

 Polygones

La technique est encore celle que nous avons apprise dans Mac Paint : clic pour chaque sommet, un simple glissement d'un sommet à l'autre, un double clic pour terminer.

 Le pointeur

Terminons par l'instrument de travail par excellence, le pointeur, sur lequel Mac Draw revient après chaque opération.

Manipuler les objets

Nous avons déjà signalé au début de ce chapitre que sous Mac Draw les objets ont une existence individuelle ; c'est dans les manipulations que cette caractéristique apparaît le plus clairement.

Pour la sélection, point n'est besoin de lasso ou de sélecteur. Il suffit d'un simple clic dans son port graphique pour que l'objet désiré se mette à la disposition du dessinateur, à l'aide des petits ▪ ▪ ▪ ▪ qui surgissent tout autour. A ce moment, deux types d'opérations sont possibles.

Le **déplacement** tout d'abord. Il se fait de la même manière que le glissement d'une icône ou d'une fenêtre sur le bureau : on se saisit d'un morceau de l'objet, et on le fait glisser. L'effet visuel est ce que vous savez : une figuration pointillée du port accompagne les mouvements de la souris, et se matérialise en la nouvelle position de l'objet après le lâcher du bouton.

La **déformation** ensuite. Les petits ▪ ne sont pas là uniquement pour faire joli. Il peuvent être déplacés par glissement ; ce déplacement déforme le port, et donc aussi l'objet qu'il contient de manière linéaire. S'il s'agit d'un ▪ situé au centre d'un côté la déformation se fait suivant une seule direction :

avec, comme d'habitude, la figuration en pointillé. S'il s'agit d'un ▪ du bas, par contre, l'effet obtenu est un étirement dont le point fixe est le sommet opposé.

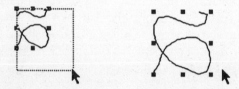

Trois remarques sont encore à ajouter à ceci. Primo, les morceaux de texte ne se déforment pas. Même si l'aspect du port est le même, seul le déplacement est possible, avec toute la souplesse d'un glissement par ailleurs.

Ceci n'est pas un drame, dans la mesure où toutes les polices, toutes les variations de taille et de style typiques du Macintosh sont disponibles pour la cause. Ne quittons pas ce sujet sans signaler qu'à l'intérieur de son port, un morceau de texte ne peut subir aucune *variation* de police ou de style ; si vous tentez une modification de ce genre, tout ce que vous obtiendrez est un changement de tout le morceau de texte visé.

Secundo, nous avons vu que les droites s'obtiennent à l'aide de deux outils différents. Celles créées par l'outil en croix sont déplaçables, mais toujours suivant les deux directions de base, alors que les produits de l'autre peuvent être modifiées en grandeur et en direction.

Tertio, il est possible de sélectionner des **groupes** d'objets, toujours en imitant le travail sur le bureau : le Shift-clic.

Attributs

Nous savons depuis deux chapitres, et nous venons d'ailleurs de répéter, qu'un texte est dessiné avec des caractères définis avec un certain nombre d'*attributs*. Nous allons voir maintenant que cette idée se généralise, et que Mac peut manipuler des éléments graphiques dans le même esprit.

Si nous prenons un rectangle comme exemple, nous obtenons une figure composée de traits, entre lesquels est enclose une région. Sans autre ordre du dessinateur, Mac Draw utilise des traits pleins et fins, et met l'intérieur en blanc. Mais tout cela est entièrement réglable. Voyons les traits tout d'abord. Ils peuvent varier en épaisseur, du transparent au très épais, suivant les options de la première partie du menu **Trait**. Ils peuvent aussi varier en type, et comporter des flèches aux extrémités, ce qui est particulièrement utile en dessin technique lorsqu'il s'agit de *coter*.

Variation d'épaisseur et cotation peuvent évidemment se combiner de toutes les façons possibles.

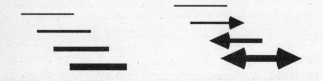

Les régions se comportent comme nous l'avons déjà vu; la seule différence avec Mac Paint est que la palette des *motifs* se déroule verticalement.

La manière de les mettre en oeuvre est cependant typique du logiciel qui nous occupe ; point n'est besoin de pot de peinture ou de pulvérisateur, il suffit de sélectionner l'objet désiré, et de choisir dans la palette le motif désiré.

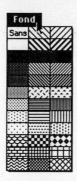

Nous avons recopié ici un rectangle dont la forme est tracée avec la deuxième épaisseur, et dont la région est remplie par un motif hachuré.

Remarquons en passant qu'il faut bien distinguer le fond *blanc* du fond *transparent*. Le premier est bien un motif, qui masque ce qu'il recouvre, alors que le deuxième ne cache rien.

C'est la raison pour laquelle apparaît un Sans dans la palette des motifs. Mais ce n'est pas tout. La barre des menus contient un item supplémentaire, nommé **Contours**, que nous ne déroulerons pas, pour la bonne raison qu'il est identique à **Fond**. En d'autres termes, la palette des motifs est disponible aussi bien pour les *régions* que pour les *contours*, entendez : les traits, tout simplement.

On peut donc dessiner une ligne avec une épaisseur donnée, une ou plusieurs flèches, et un motif de dessin :

qui peut résoudre élégamment le problème des tracés en pointillés. De même, rien n'empêche d'entourer le fond d'un rectangle avec un trait d'un autre motif :

Suivant l'expression consacrée, la seule limite à ces effets graphiques est celle de l'imagination, qui n'en reconnaît aucune comme chacun sait.

Pour aider le dessinateur et sa mémoire, Mac Draw signale dans le coin inférieur gauche de sa fenêtre de travail les motifs en fonction :

Construire un dessin

Associer

De quelque niveau de complexité qu'il soit, un dessin peut toujours être décomposé en éléments simples — et ce n'est pas René Descartes qui nous contredira. Ces éléments, nous avons appris à les construire ; mais il reste la deuxième partie du travail : comment les *associer* ?

Mais avec la plus grande simplicité ; il suffit de déclarer à notre logiciel : ces éléments-là, je les considère désormais comme constituant un seul objet. Le menu **Dispo.** contient pour ce faire l'article **Associer**, qui unit tout ce qui était sélectionné au moment de son appel ; son usage ne nécessite donc que les techniques de sélection que nous connaissons depuis des dizaines de pages : encadrer par le pointeur ou shift-clic.

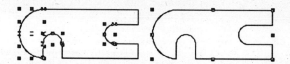

Comme le montre notre exemple, après groupage les morceaux de l'ancien contour deviennent un seul contour, et il en est de même pour la nouvelle région. On peut donc d'une seule commande changer l'épaisseur de tout le profil de la pièce :

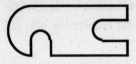

On peut aussi déplacer ou déformer sans plus se préoccuper des parties :

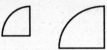

Gérer les plans

Si deux formes remplies par un motif sont créées, nous savons qu'elles sont déplaçables individuellement. Mais qu'arrive-t-il si l'une est glissée sur l'autre ? Pour autant que le fond ne soit pas transparent, c'est la dernière forme créée qui masquera la ou les précédentes. A moins que l'on utilise un outil destiné à modifier cet ordre :

et qui figure dans le menu Dispo. Voici l'effet de cet outil :

Il suffit donc de manipuler les objets deux par deux pour obtenir l'ordre de planéité que l'on veut.

Ranger les objets

Un autre outil est plus spécialement dédié au rangement; nous verrons bientôt que la fenêtre de dessin elle-même permet de se positionner avec précision, mais l'option **Aligner les objets...** est faite pour forcer tous les alignements possibles. Elle s'applique à un nombre quelconque d'objets, sélectionnés par un des procédés habituels, et s'appelle par le dernier article du menu **Dispo.**, qui amène la fenêtre :

Aligner les objets :

○ Côtés gauches   ○ Centrage horizontal   ○ Côtés droits

○ Sommets   ○ Centrage vertical   ○ Bases

[OK]   [Annuler]

Rien n'empêche évidemment d'appliquer plusieurs rangements aux mêmes objets, pour obtenir l'effet que l'on veut. Le voici, cet effet, sur quelques éléments hétéroclites, en une image que l'on pourrait intituler Avant - Après :

Bonjour les Jules !

Bonjour les Jules !

Pour ce qui est des transformations, Mac Draw offre les mêmes choix que Mac Paint, à ceci près qu'ils s'appliquent objet par objet — oui, cette remarque est répétitive, mais ce n'est pas un hasard. Nous n'allons pas recommencer la série d'exemple, voici simplement les options telles qu'elles apparaissent dans le menu :

> **Pivoter à gauche**
> **Pivoter à droite**
> **Miroir horizontal**
> **Miroir vertical**

Autre ustensile de rangement, destiné à... ne pas ranger: l'option **Verrouiller**, qui comme son nom l'indique empêche aussi bien les mouvements que l'effacement. Toute tentative de ce genre amène le message d'alerte :

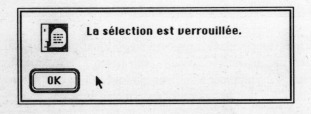

qui n'est pas définitif, car il est également possible de **Déverrouiller**.

Effets spéciaux

Eh non, ce n'est pas encore tout. Le programme que nous avons décrit jusqu'ici est déjà remarquable, mais quelques outils spéciaux, rangés dans le menu **Edit**, le rendent encore plus performant.

Commençons par les rectangles adoucis. Remplacer les angles par des arcs, oui, mais de quel rayon ? La réponse la plus logique est : de rayon réglable. L'option **Arrondis d'angles...** amène la fenêtre de dialogue :

Rayon des angles arrondis ?

○ 0 mm   ○ 4 mm   ◉ 5 mm   ○ 6 mm   ○ 8 mm   ○ 10 mm

[OK]   [Annuler]

où l'on voit que 5 mm est le choix par défaut.

Restons dans les arcs, pour revenir sur l'outil ⌐ . A priori il décrit des quadrants d'ellipses, c'est-à-dire des angles de 90°. Cet angle est, lui aussi, réglable. Un arc sélectionné auquel on applique l'option **Transformer l'arc** devient disponible sous le pointeur, qui peut l'allonger ou le raccourcir à volonté :

La sélection d'un polygone amène au même endroit :

```
Transformer le polygone   ⌘R
Courbe
Angles
Arrondis d'angles...
```

l'article **Transformer le polygone**. Le procédé est ici un peu plus subtil. L'effet immédiat est de placer des ■ ■ aux *sommets*. Ceux-ci deviennent alors accessibles au pointeur, qui peut les déplacer un à un pour modifier la forme de l'ensemble.

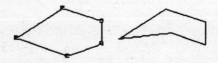

Courbes et **Angles** introduisent un outil vraiment spécial. Tout comme dans Paint, nous disposons d'un outil qui permet de tracer des courbes quelconques, et ceci devrait sufire pour dessiner n'importe quel profil. Il est cependant assez clair qu'un trait à la fois courbe et sûr n'est pas à la portée de tout le monde, que ce soit avec un crayon ordinaire ou avec une souris. Or, ce genre d'exercice est parfois nécessaire, même en dessin technique. Imaginez en effet qu'il faille reproduire la forme d'un circuit automobile : un trait tremblotant ne serait pas de mise. Mais vous savez ce que nous allons dire : dans son immense sagesse, Mac Draw y a pensé. Le procédé qu'il offre est lumineusement simple. Il suffit de dessiner un polygone, avec suffisamment de côtés que pour épouser la forme cherchée :

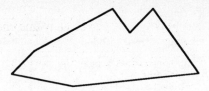

puis d'appeler **Courbes**.

La figure se transforme aussitôt en forme aux courbes douces. Il est possible que le résultat ne soit pas satisfaisant du premier coup, mais rien n'est irréversible. **Angles** fait revenir au polygone, et le cas échéant **Transformer le polygône** permet de procéder aux corrections.

Un dernier outil peut multiplier l'efficacité du dessinateur ; ce n'est pas le plus subtil, mais son efficacité est totale.

Dupliquer	⌘D
Tout sélectionner	⌘A

Dupliquer donne une copie conforme de ou des objets sélectionnés, qu'ils soient simples, qu'ils proviennent d'un groupage ou d'une sélection multiple. On peut même réaliser des copies en série à intervalles réguliers; il suffit de placer la première copie à la distance voulue de son original, sans le désélectionner, puis de continuer les copies.

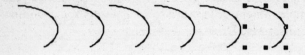

Nous avons dit : "dernier", mais n'oublions pas cet outil commun à toutes les applications, le **Presse-papiers**. Il permet, comme d'habitude, de copier des objets d'une feuille à l'autre, ou d'une application à l'autre, avec le triptyque traditionnel : `Couper / Copier / Coller` du menu `Edition`. En particulier, pour insérer des dessins légendés dans un texte, vous pouvez facilement voyager entre Mac Draw et Mac Write. Mais notre logiciel dessinant possède une option supplémentaire :

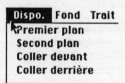

Le menu `Dispo.` permet de coller le contenu du presse-papiers devant ou derrière le dessin existant, ce qui est un perfectionnement utile de la fonction Coller.

Aides au dessin

Il est bien connu que dessiner sur un quadrillage est bien plus facile que sur une feuille blanche ; et si la feuille quadrillée vous indiquait en même temps les dimensions de ce que vous tracez, ce serait encore plus simple. Magique, le procédé ? Pas du tout, à condition d'utiliser Mac Draw sur un Macintosh.

Un regard rétrospectif sur la fenêtre de travail, que nous avons représentée au début du chapitre, vous convaincra du fait que le quadrillage est possible. Ajoutons-y deux éléments : vous pouvez le faire apparaître ou l'effacer à votre guise, grâce à l'option ad hoc du menu **Page**, et vous pouvez le régler à l'aide du même menu.

Règles personnelles					OK
Règles :	◉ Oui	○ Non			Annuler
	○ Pouces	◉ Centimètres			
	○ Standards	◉ Personnelles			
Zéros :	○ Verrouillés	◉ Déverrouillés			
Espacement des barres de division					
○ 1/2	◉ 1	○ 1 1/2	○ 2		
Espacement des barres de subdivision					
○ 1	○ 2	○ 3	○ 4	◉ 5	○ 6
○ 8	○ 10	○ 12	○ 16	○ 24	○ 32
Incrémentation					
◉ 1	○ 2	○ 3	○ 4	○ 5	○ 6
○ 8	○ 10	○ 12	○ 16	○ 24	○ 32

La fenêtre de dialogue qui sert à cela vous donne accès à l'unité de mesure, à la construction de la règle, et au pas d'incrémentation. Ce dernier terme est peut être un peu obscur, mais il est important.

Il faut le lier, en effet, avec une autre possibilité, que l'on appelle **Réglure Magnétique**. Elle signifie, par exemple, que si l'on travaille avec une incrémentation de 1 mm, le curseur ne pourra se déplacer qu'*en sautant par pas de 1 mm*. Il n'y a donc, avec cet outil, plus de problème de positionnement ou de raccord entre les éléments d'un dessin. De plus, l'option **Dimensions** indique sur la feuille, en temps réel, les dimensions de l'objet en cours de définition; si l'objet est déjà défini, ces indications s'obtiennent par une simple pression sur le bouton.

Un examen attentif de la figure suivante montre l'existence de petits traits pointillés à l'intérieur des règles : ils indiquent la position précise du pointeur pendant le dessin, et lorsque la réglure est active, on voit très bien qu'ils sautent d'une graduation à l'autre.

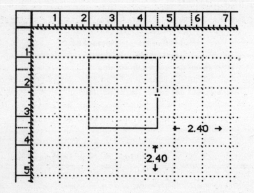

Impression

Il n'est pas nécessaire de revenir sur les diverses options d'impression, que nous avons déjà rencontrées dans les deux programmes précédents.

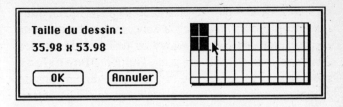

Ajoutons cependant que Mac Draw ne se limite pas nécessairement à *une seule* feuille ; on peut, théoriquement, dessiner sur des surfaces de très grandes dimensions, que l'on choisit encore et toujours par une fenêtre de dialogue. Il suffit de faire clic dans ce qui doit devenir le coin inférieur droit de la feuille. Sur une imprimante ordinaire, un dessin prenant plus d'une feuille sortira simplement sur une suite de pages, que vous serez prié d'assembler pour retrouver votre oeuvre.

Résumons-nous

Mac Draw crée des dessins en assemblant des éléments graphiques. Ces éléments peuvent être :

- des chaînes de caractères,
- des objets dessinables.

Les chaînes de caractères bénéficient de toutes les options habituelles : choix de la police, de la taille, du style. Les objets dessinables sont classables en :

- droites,
- arcs,
- ellipses,
- courbes,
- polygônes.

Chaque élément peut être sélectionné individuellement, ce qui permet de le déplacer à tout moment et à volonté. Les droites sont réglables en style : une flèche au début, une flèche à la fin, une flèche à chaque extrémité. Les autres objets dessinables sont définis en deux parties : le bord et la région. Les bords comme les droites sont réglables en épaisseur, et peuvent être choisis dans un motif. Une région peut également contenir un motif, choisi indépendamment de celui du bord.

On peut associer un nombre quelconque d'éléments graphiques pour en faire un nouvel objet, aux propriétés identiques à celles d'un objet simple.

Tout objet peut dupliqué, et la distance entre deux répliques successives peut être réglée.

Les objets contenant des régions peuvent être superposés, et l'ordre de superposition peut être modifié.

La feuille sur laquelle se construit le dessin peut être d'une taille multiple de la feuille élémentaire, de 1 à 14 fois en largeur, de 1 à 5 fois en hauteur.

Le rayon des arrondis d'un rectangle adouci peut être modifié, et un polygône quelconque peut également être adouci.

La feuille de dessin peut être entourée de règles et comporter un quadrillage. Règles et quadrillages sont réglables. On peut forcer le pointeur à se déplacer par pas d'incrémentation fixés ; les dimensions d'un objet peuvent s'afficher automatiquement, même en cours de dessin.

Mac au travail

Les spectacles à l'américaine se déroulent suivant un rite presque immuable : on joue quelques morceaux pour faire étalage de virtuosité, puis on présente les protagonistes de la fête, puis on reprend de plus belle.

A notre avis, il est temps de présenter les acteurs qui se cachent en Mac.

Après quelque deux cents pages d'exploration, même le lecteur le moins attentif aura remarqué que sur Mac tout est géré de façon **graphique**, avec des icônes, des fenêtres et des menus déroulants. Et si ces fenêtres ont la même allure dans les programmes ou en dehors d'eux, si un texte ou un dessin s'inscrivent dans une présentation identique à celle qui décrit le contenu d'une disquette, c'est bien évidemment parce qu'elles sont *dessinées par Mac lui-même*.

Il nous semble donc intéressant de nous faire une idée plus précise de la manière donc Mac travaille, ce qui revient en fait à explorer son **Dossier système**, celui qui se dessine avec un petit Mac :

Dossier Système

Finder

Mr Macintosh peut être regardé comme un noyau entouré d'une série de pelures. Le noyau lui-même, le joyau en quelque sorte, est un *microprocesseur* ; la famille Macintosh a depuis sa naissance contracté alliance avec une famille de microprocesseurs, la 68000, construite par la société Motorola. Mac Plus et Mac SE sont dotés d'un 68000 tout court, alors que Mac II s'offre les services d'un 68020. Toute cette famille traite des informations codées sur 32 chiffres binaires, 32 bits pour reprendre le sigle célèbre. La différence est que le 68000 communique avec son environnement en échangeant des mots de 16 bits, alors que le 68020 les garde sur 32 bits dedans comme dehors.

Si cette digression technique vous rebute, ne noyez pas votre chagrin dans le silicium ; il suffit de savoir que le 68020 est nettement plus performant que son prédécesseur, mais sa mise au travail est un peu plus complexe, et partant plus coûteuse.

Au-dessus du microprocesseur se trouve la pièce essentielle de Macintosh, pièce purement conceptuelle d'ailleurs. On l'appelle **Toolbox**, ce que l'on peut traduire par "boîte à outils". Elle est constituée d'une longue liste de petits programmes, de *routines*, figées dans une mémoire à lecture seule. Elles sont plus de cinq cents, et travaillent en permanence dès que Mac s'allume. Pour se faire une idée de l'organisation de cette boîte, on peut l'imaginer en deux niveaux.

Le premier est celui des routines de base, comme celles qui permettent de dessiner le pointeur, une fenêtre, un menu, un pointillé figurant un déplacement, bref, les routines de caractère *graphique* ; on les regroupe sous l'appellation **Quickdraw**. Il n'est pas nécessaire de les étudier pour bien utiliser notre ami Mac, d'autant moins que, pratiquement, nous les connaissons déjà : la plupart d'entre elles sont appelées directement par Mac Paint ! Il ne vous étonnera donc pas d'apprendre que Quickdraw est principalement l'oeuvre de l'auteur de ce programme, Bill Atkinson.

Le second est une panoplie de **managers**, de programmes d'utilisation des ressources fournies par le premier niveau. Il y a un menu manager, un window manager, un memory manager, et ainsi de suite.

Il y a aussi, et c'est encore une originalité Macintosh, un **events** manager. Cela signifie que quelque part dans la mémoire se trouve une zone spéciale, qui entrepose les événements au fur et à mesure de leur occurrence, avec une réserve de vingt au maximum. Par *événement* il faut entendre des choses comme un déplacement du pointeur, une pression sur le bouton de la souris, la frappe d'un caractère au clavier, l'insertion d'une disquette...

Le gestionnaire des événements examine cette mémoire spéciale, et s'il y trouve quelque chose il entame le traitement approprié. On peut copier un dessin dans le presse-papiers, puis ouvrir un document, puis coller le dessin dans le document sans attendre que chacune de ces actions soit totalement exécutée : Mac enregistre tous les ordres et les exécute dès qu'il le peut. C'est pourquoi la documentation présente souvent le Macintosh comme un appareil *event-driven*, piloté par l'événement.

Enfin, *last but not least*, au sommet de cette pyramide consacrée au fonctionnement du système apparaît le **Finder**, le programme chargé de gérer l'ensemble.

Finder

Lorsque vous cliquez sur **Fichier**, c'est lui qui appelle le Menu Manager qui lui-même appelle les routines qui dessinent le rectangle et le texte des articles ; si vous choisissez **Ouvrir** alors qu'une disquette est sélectionnée, c'est lui qui appellera le Window Manager qui lui-même... vous avez compris. En un mot comme en cent, le Finder est le grand ordonnateur du graphisme et du reste, et il est aussi la seule partie visible d'une énorme organisation ; les instructions auxquelles il fait appel pour s'acquitter de ses diverses tâches prennent des centaines de milliers d'octets. Matériellement ce Finder n'est ni plus ni moins qu'un **programme**, qui comme tous les programmes qui se respectent est *évolutif*. Le présent texte est écrit sous le contrôle de la version numéro 6.0, ce qui sous-entend qu'il y eut pas mal de versions précédentes, et qu'il y aura certainement beaucoup d'autres versions dans l'avenir. Pour connaître celle qui est au travail le moyen est bien simple : dérouler le menu , situé à l'extrême gauche de la barre des menus, et choisir l'article **A propos du Finder...** La carte de visite des auteurs apparaît en prime :

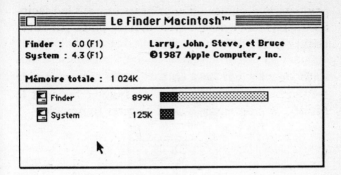

Système et pomme

Regardons-le de plus près, ce menu $\bullet$.

Il constitue l'ensemble des **accessoires de bureau**. Cela signifie que les objets qu'on y trouve sont accessibles à tout moment, dans n'importe quelle situation de travail. Prenons un exemple simple, celui de la `Calculette`. Que vous soyez en train de taper du texte, de dessiner ou de ne rien faire, ce choix superpose à tous les documents présents à l'écran :

Ceci est une authentique calculette, sur laquelle il vous suffit de remplacer le bout de l'index par un clic. A part cela, vous verrez à l'usage qu'elle calcule à la vitesse d'un ordinateur, c'est-à-dire beaucoup plus vite qu'une calculatrice de poche.

De plus, c'est aussi une authentique fenêtre. La bande supérieure joue le même rôle que la barre de titre d'une fenêtre ordinaire : elle est noire pour indiquer que l'accessoire est sélectionné, blanche si elle ne l'est pas, et sert à le placer à l'endroit de l'écran que vous jugerez bon. Et le petit carré de gauche est, comme on le devine, la case de fermeture, qui vous permet de replacer la calculette dans son tiroir en forme de &. Détail amusant : le résultat du dernier calcul est pieusement conservé, et reparaît dans la fenêtre lors de l'appel suivant.

Cela dit, aucun fichier nommé "Calculette" n'est présent dans le dossier système. D'où vient donc cet ustensile ? La réponse est simple : du fichier **System**.

System

C'est lui qui contient tous les accessoires, c'est lui qui contient toutes les polices de caractères, c'est lui qui contient bien d'autres choses encore, toutes nécessaires au bon fonctionnement de l'ensemble.

Pour dire les choses de manière un peu plus technique, le fichier System donne accès à un certain nombre de *ressources*, entendez par là : des données et des routines auxquelles tous les programmes peuvent faire appel. Nous venons de voir deux types de ressources incluses au System : caractères et accessoires, mais il en est d'autres qui sont placées à côté de lui, dans des fichiers séparés ; nous allons y revenir dans quelques lignes.

Le Finder, qui doit être regardé comme un programme, au même titre que Mac Write ou Mac Paint, permet d'utiliser ou de régler certaines ressources. Et la voie d'accès qu'il nous offre est tout simplement le menu . Ce fruit dans les menus n'est donc pas un gag, c'est votre moyen d'intervention dans le système, comme il en existe dans tous les sytèmes d'exploitation d'ordinateurs. Avec cette première différence, toujours et encore la même chanson, que Mac vous le propose sous une forme graphique et visuelle ; il n'est pas nécessaire pour en faire usage de potasser des manuels lourds et indigestes. Et avec cette seconde différence que la fonction du menu s'est étendue d'une manière plutôt explosive.

Ce qui n'était au départ qu'un procédé de réglage, doublé d'un accès à quelques accessoires, est devenu une sorte de Macintosh **bis**, dont la gestion a été confiée à un finder **bis** :

Accessoires

On peut trouver sous la pomme des traitements de texte, des programmes de télécommunication, de dessin... avec des performances parfaitement comparables à celles des "vrais" programmes. C'est pourquoi nous allons nous attarder un peu sous ce fruit entamé, en détaillant certains des articles que l'on peut y trouver.

Accessoires

Clavier

Les polices que System met à la disposition des utilisateurs de texte sont visibles grâce à l'article **Clavier** qui a deux effets sur l'écran : l'affichage de la reproduction d'un clavier, et l'ajout dans la barre des menus d'une option du même nom. Cette reproduction tient compte de la présence éventuelle d'un pavé numérique et de la disposition des touches, le fameux problème AZERTY,

QWERTY et compagnie, dont nous n'avons pas encore fini de parler.

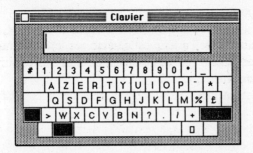

Son appel déroule la liste que nous connaissons depuis trois chapitres :

et le choix d'une police amène dans l'image du clavier une représentation de ses caractères. Notons encore que les touches ⌥ et ⇧ font apparaître d'autres caractères, comme [^ » Û Á Ø] , qu'il est difficile de trouver sans cet accessoire.

Mais au risque d'abuser de la patience du gentil lecteur,

nous aimerions insister sur l'aspect théorique de ce que déclenche le choix de **Clavier** dans le menu **⌘**. Car cette fenêtre et ce menu résultent d'un réseau d'ordres et d'appels assez complexe.

- Le choix de l'article est détecté par le Finder, stocké dans la pile des événements, où il est retrouvé par le menu manager...
- qui transmet l'instruction au manager spécialisé dans les accessoires de bureau...
- qui regarde dans le fichier System...
- qui envoie les données nécessaires au menu manager et au window manager...
- qui expliquent ce qu'il faut faire au Finder...
- qui dessine le tout sur l'écran.

Tout cela, bien sûr, se déroule en quelques fractions de seconde, pour la plus grande gloire de l'utilisateur — vous par exemple.

Horloge

Pas de surprise, l'horloge a pour but d'afficher l'heure.

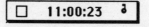

Mac garde le temps sans faiblir, même lorsque l'alimentation est coupée ; c'est à cela que sert la pile qui se place à l'arrière de l'appareil, dans le logement situé au-dessus de l'interrupteur. La chevillette située sur la droite peut être tournée vers le bas, pour donner accès à la date et aux réglages

qui se font en cliquant sur les flèches. Un réveil peut être activé pour rappeler à ses devoirs l'utilisateur distrait ou somnolent.

Recherche de fichiers

Votre serviteur travaille sur un Mac doté d'un disque dur de 45 mégas. Si un fichier de 2 K s'égare dans tout cela, le retrouver risque de prendre du temps : ouvrir les dossiers un à un, examiner tous les documents... Heureusement, ⬤ est là pour faciliter la vie du travailleur.

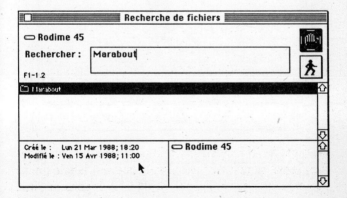

Recherche de fichiers se contente même d'une indication partielle de l'objet cherché, et balaye tous les dossiers pour trouver ce qui commence par les caractères donnés.

Album

L'album est une extension naturelle du presse-papiers. Au lieu de changer de programme chaque fois qu'une image y est envoyée, on peut ouvrir l'album et utiliser la fonction Coller pour la conserver. On constitue ainsi une collection de textes ou d'images, que l'on peut appeler ensuite dans n'importe quel autre document, autant de fois que l'on veut

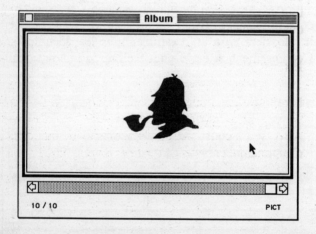

Cette collection a l'avantage d'être conservée après l'extinction de Mac, dans un fichier spécial :

créé par le système. Nous verrons bientôt que ceci est très général : chaque fois que Mac doit conserver des réglages ou des documents, il crée des fichiers qu'il place dans le :

Dossier Système

Tous ces accessoires sont fournis par Apple Computer avec les fichiers systèmes, mais rien n'empêche des développeurs privés de concevoir et de mettre en circulation des accessoires supplémentaires. A l'heure actuelle il y en a littéralement des milliers, dont on ne peut pas dire qu'ils soient tous d'un intérêt fulgurant. En voici tout de même deux exemples, qui nous semblent d'une qualité remarquables.

Expressionist™

Permettez à un mathématicien de formation de retrouver ses vieux démons ; Expressionist™, réalisé par ABA, sert à construire des formules mathématiques de n'importe quel niveau de complexité graphique :

$$\int_{5}^{9} \frac{3x - 2}{\sqrt{x^2 - 5x + 6}}\, dx$$

comme en témoigne cette petite intégrale. Elle s'écrit assez simplement dans une fenêtre de travail créée par l'accessoire de bureau, et se transmet par le presse-papiers.

Think'n Time

Réalisé par Mainstay, cet accessoire est un véritable gestionnaire d'idées. Il permet de créer un agenda en une seule instruction, gère les textes, les plans de discours, de livres, etc.

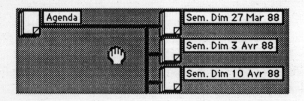

Presse-papiers et Album ne seraient pas d'un usage aisé dans ce contexte, c'est pourquoi Think'n Time crée ses propres documents :

f Agenda

Installer sous la

Des accessoires de bureau se trouvent dans le commerce, des disquettes de polices peuvent se trouver chez les revendeurs, mais il reste une chose à savoir : comment les installer ? Vous vous en doutez un peu, cela se fait à l'aide d'un programme spécialisé :

Font/DA Mover

dont le nom signifie *déménageur* en anglais. Il ouvre
les deux types de documents :

Belgica/Hellas

pour les caractères

Sleep

pour les accessoires

Son travail est dirigé par une fenêtre de dialogue dont
on reconnaît les éléments :

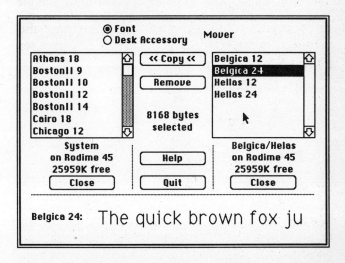

Si l'on ouvre un fichier System, les polices qui s'y trouvent sont automatiquement listées. De même, si un dossier contenant un document comme ceux montrés ci-
dessus est ouvert, son contenu sera aussitôt décrit. La
sélection d'une police a un effet pratique intéressant,

comme le montre notre image ; un échantillon s'écrit en dessous, avec la célèbre phrase où toutes les lettres de l'alphabet se retrouvent.: THE QUICK BROWN FOX JUMPS OVER THE LAZY DOG. Une version française pourrait être : VEUILLEZ PORTER CE VIEUX WHISKY AUX BONS JUGES QUI FUMENT.

En bon déménageur, Font D/A Mover peut travailler dans tous les sens : installer dans un système, copier d'un système dans un fichier, supprimer d'un système.

Que DD, le Dieu des Développeurs, pardonne aux accessoires que nous sommes, mais il nous semble honnête d'ajouter une remarque en forme d'avertissement : à côté de nombreuses belles réalisations, on trouve un certain nombre de pseudo-accessoires franchement néfastes, dont l'utilisation peut entraîner des déboires de toutes sortes.

Tableau de bord

Le tableau de bord contient sous forme d'accessoires l'essentiel des **réglages** qu'il est possible de faire sur un Macintosh, et vous allez voir qu'il y en a nettement plus qu'on ne pourrait le croire.

Le choix de cet article amène à l'écran une grande fenêtre, dans laquelle il faut d'abord distinguer deux parties : la gauche, où sont listés les *appareils* à régler, et la droite où figurent les réglages proprement dits.

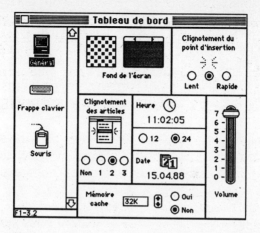

Général

Cette première partie concerne tous les aspects courants du fonctionnement de Mac. Lorsque l'on se trouve sous le contrôle du Finder, entendez par là : en dehors d'un programme, vous aurez remarqué que les fenêtres et les icônes se placent sur bureau grisé.

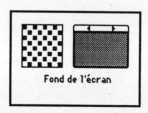

Ce *motif de fond* est modifiable, suivant une procédure que vous connaissez depuis le chapitre 7. Les petites flèches qui figurent dans ce qui tient lieu de barre des menus font défiler les motifs qui constituent les palettes de motifs dans Mac Paint et dans Mac Draw. Un clic dans le motif obtenu remplace en un clin d'oeil celui du bureau ; et si aucun de ces dessins ne vous convient, le rectangle de gauche vous permet de composer votre propre motif, exactement comme dans Mac Paint.

Dans tout ce qui est texte, nous savons qu'il faut distinguer le *curseur* du *point d'insertion*. Ce dernier est matérialisé par un trait vertical clignotant. Le réglage *Clignotement du point d'insertion* vous offre trois vitesses pour ce clignotement.

Dans le même ordre d'idées, nous savons que le choix d'un article dans un menu le fait clignoter un certain nombre de fois avant de déclencher l'exécution de l'ordre correspondant. Ce certain nombre est réglable, depuis zéro jusqu'à trois.

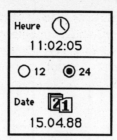

L'accessoire Horloge permet de lire l'heure, et aussi de la régler. Mais il est d'autres programmes qui utilisent le temps. Nous avons rencontré un dateur dans Mac Write, et il en existe dans tous les programmes du genre gestion de fichiers, tout simplement parce qu'il est important de noter la date, ou même l'heure, de la dernière mise à jour.

Le tableau de bord permet de régler tout ce qui concerne le temps, indépendamment de l'éventuelle présence d'une horloge. Notons tout de même que les modifications apportées sur celles-ci sont prises en compte par le tableau ; il n'y a pas trente-six heures différentes sur un même Mac au même moment.

On n'y prête pas toujours l'attention que l'on devrait, mais il se fait que notre héros est relativement doué pour les travaux sonores. Certes, ce n'est pas le petit haut-parleur dont il est doté qui peut réaliser des miracles de haute-fidélité. Mais nous verrons un peu plus loin que les bip-bip qu'il soupire lorsqu'une erreur est commise cachent des possibilités bien plus subtiles.

L'outil Volume n'a d'autre but que de régler le volume des sons émis par Mac, quelle que soit la nature de ces sons.

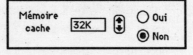

Pour terminer ce tour des réglages généraux, voyons un outil un peu plus technique. Le procédé de la Mémoire cache repose sur une idée simple : dans l'exécution d'un programme, il est très fréquent de demander une nouvelle exécution d'une instruction achevée quelques microsecondes auparavant, ou de redemander la lecture de données que l'on a jetées aux oubliettes électroniques lors de l'instruction précédente. Un moyen d'éviter les gaspis que cela entraîne est de garder ce qui vient d'être utilisé au frais, dans une mémoire spécialement conçue pour cela : une *mémoire cache*.

Malheureusement, ce mode de travail n'est vraiment efficace que si les logiciels sont conçus pour en tenir compte, ce qui n'est généralement pas le cas sur Mac Plus ou Mac SE. Sur Mac II, par contre, la mémoire cache peut être efficace.

L'outil qui nous occupe permet de décider si oui ou non la mémoire cache doit fonctionner, et quelle doit être sa taille dans l'affirmative.

Clavier

De tous les problèmes qui se posent aux informaticiens, celui des claviers est certainement le plus empoisonnant. La disposition des touches est héritée d'une vieille tradition, qui trouve son origine dans des questions de tringlerie qu'il a fallu résoudre sur les machines à écrire mécaniques. Cela ne serait pas grave en soi s'il n'existait au monde des *dizaines* de dispositions différentes.

A notre époque il serait à la fois trop coûteux et trop peu pratique de construire une version différente de machine pour chaque variété linguistique locale ; c'est la raison pour laquelle la plupart des constructeurs proposent des claviers séparés du reste, claviers qui, eux, existent en beaucoup de versions.

C'est aussi ce qu'a fait Apple Computer. Le clavier de Mac existe en beaucoup de dispositions différentes, et c'est un fichier système qui est chargé de mettre les caractères dessinés sur les touches en adéquation avec ce qui est envoyé à l'unité centrale. De plus, comme le Macintosh a une vocation internationale, rien ne vous interdit de travailler avec plusieurs claviers, c'est-à-dire d'en changer chaque fois que l'on désire travailler dans une autre langue. C'est pourquoi les fichiers système sont fournis avec de longues liste de routines de localisation des touches, et l'utilisateur a la possibilité d'en installer autant qu'il veut.

Cela se fait avec un programme appelé **Mac Localizer,** et les routines choisies sont placées dans un fichier dont le contenu est lisible par la fenêtre :

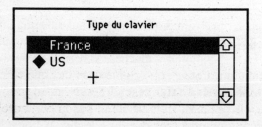

Donc, pour passer de l'AZERTY au QWERTY US, il suffirait de cliquer dans la seconde ligne et de choisir la forme U.S.A., sans oublier de changer le clavier lui-même.

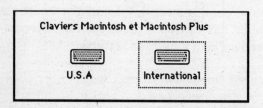

Pour donner une idée de l'éventail offert par Mac en ce domaine, voici la liste des localisations possibles situées dans notre système original: Australie, Grande-Bretagne, Pays-Bas, Finlande, Belgique néerlandophone,

France, Canada français, Allemagne, Grèce, Islande, Norvège, Portugal, Espagne, Suède, Suisse romande, Suisse alémanique, Italie, USA, et la liste n'est certainement pas complète.

Du côté des réglages proprement dits il n'y a rien d'original :

on peut obliger Mac à attendre plus ou moins longtemps avant d'entamer la répétition à l'écran du signe porté par la touche maintenue enfoncée, et l'on peut accélérer ou ralentir cette répétition.

Souris

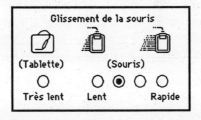

La troisième série ne comporte que deux petits réglages concernant le comportement de la souris.

Le premier détermine l'échelle à laquelle la rotation de la sphère sur le bureau physique est reproduit par celui du pointeur sur l'écran. On remarquera l'allusion à un appareil autre que la souris : une table à numériser, qui s'utilise surtout pour reproduire des dessins.

Le deuxième modifie le temps maximum qui peut s'écouler entre deux clics pour être considéré comme un double-clic, et non comme deux simples clics.

Fichiers système

Comme presque tout est paramétrable sur Mac, Apple fournit non pas le dossier système installé, mais une sorte de dossier minimum, avec ce qu'il faut pour préciser et ajouter ce qu'il faut. Nous avons fait allusion au programme prévu pour cela dans les pages précédentes :

Installer

Installer fait son travail à l'aide de données placées sur des documents, qui se reconnaissent à la flèche oblique. Par exemple, pour installer le clavier AZERTY, le document est :

France

Mais l'installation générale d'un système demande beaucoup de copies et autant de réglages. C'est pourquoi les constructeurs de notre héros fournissent un document qui dit tout ce qu'il faut faire, un *script d'installation*. Et comme il y a trois machines distinctes, il y a aussi trois scripts distincts :

Macintosh II Script

Macintosh SE Script

Macintosh Plus Script

Utilitaires

Un certain nombre d'autres fichiers sont également fournis pour s'occuper de tâches utilitaires, ce qui ne veut certainement pas dire : secondaires. Nous allons en citer quelques uns.

Disk First Aid

Le véhicule marqué d'une croix est assez explicite ; il s'agit d'un programme destiné à réparer les disquettes défaillantes. Pas trop d'illusions, toutefois : cela ne sert que pour les pannes logicielles.

HDBackup

Le *Back-Up* est ette opération qui consiste à déverser dans autre support le contenu d'un disque dur. Le programme HDBackup utilise, comme le montre son icône, une batterie de disquettes comme support de secours. Nous verrons plus loin qu'il existe des possibilités plus performantes, notamment celles basées sur les cassettes.

Options d'accès

Options d'accès est une attention pour ceux ou celles qu'un handicap moteur empêche de profiter de la souris. Son principe est de permettre la définition, par l'utilisateur, de touches de déplacement du curseur.

Apple File Exchange

On a dit et chanté sur tous les tons que Macintosh n'est pas une machine "compatible". Certes, elle n'en imite aucune autre, ce qui lui confère les mérites de l'originalité et de l'innovation. Mais si sa vocation n'est pas de faire tourner servilement les applications conçues pour un autre, elle est parfaitement capable d'échanger des données avec cet ou ces autres. C'est dans ce but que fut défini l'*Apple Filing Protocol*, et c'est ce qu'organise l'application **Apple Filing Exchange**.

Elle amène à l'écran une fenêtre du même genre que celle de Font D/A Mover, et permet de convertir les fichiers d'un type à l'autre.

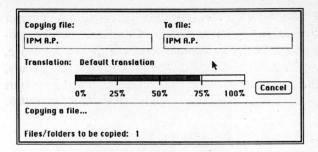

Système personnalisé

Lorsque notre ami Mac se met en marche, il envoie à ses admirateurs un écran d'accueil, un petit Mac souriant, et un son de bienvenue, bip-bip. Et si vous n'aimez pas ce sourire ? Et si vous voulez une autre chanson ? Vos goûts sont parfaitement respectables, et il vous est loisible de définir votre propre accueil.

Pour l'image, il existe au moins un programme de dessin qui ajoute aux formats habituels un format spécial :

StartupScreen

Un tel document placé dans le dossier système est appelé au moment du démarrage en lieu et place de ce que vous connaissez. A la rigueur, vous pouvez placer votre propre portrait, une phrase gentille, une reproduction de Mona Lisa... L'auteur de ces lignes a choisi la photo d'un lointain cousin :

réalisée avec le logiciel SuperPaint, de Silicon Beach software.

Pour le son, il faut d'abord ajouter un petit quelque chose au fichier System grâce à :

SoundInit

et ensuite mettre dans le dossier système un document du genre:

StartupSound

De même, on peut remplacer le bip-bip d'avertissement qui retentit en cours de travail par un son au choix :

BeepSound

à condition d'actionner d'abord la trompe du programme d'initialisation du fichier système :

BEEP
BeepInit

La création de tels sons n'est pas chose aisée, mais d'une part il en circule un certain nombre parmi les utilisateurs, et d'autre part certains spécialistes en proposent des panoplies sur disquette, exactement comme des accessoires de bureau ou des polices de caractères. Le plus raffiné dans le genre est de faire *parler* Mac, et c'est parfaitement possible avec l'aide d'un autre fichier spécial :

Macintalk

Multifinder

Le Finder, nous le savons, est un petit peu l'âme du Macintosh. Nous en avons vu l'essentiel du fonctionnement, en oubliant quelque aspects pratiques, mais secondaires. Par exemple, on comprendra très vite que le menu **Présentation** vise à modifier l'aspect des documents et des applications, en remplaçant les icônes soit par des "petites icônes", soit par du texte, classé d'une manière à préciser. De même, le menu **Rangement** contient un article qui met de l'ordre dans les icônes, en les alignant rigoureusement dans leur fenêtre. Mais à côté du Finder se trouve une sorte de grand frère :

MultiFinder

Ce qu'il fait

Quelle différence y a-t-il donc entre le Finder et le **MultiFinder** ? Graphiquement, il n'y en a aucune. Les icônes, les fenêtres, les menus déroulants fonctionnent toujours de la même façon. Mais l'attitude du Multi vis-à-vis des applications est radicalement nouvelle :

MultiFinder permet de maintenir ouvertes plusieurs applications

Cela signifie, par exemple, que l'on peut lancer Mac Draw, et puis Mac Paint sans quitter Mac Draw. Les deux applications restent en éveil, et l'on passe de l'une à l'autre en douceur, sans rien perdre et sans rien éteindre.

Mais, diront les petits malins, comment fait-on pour ouvrir Mac Paint alors que Mac Draw occupe l'écran ? En utilisant une astuce d'une rare élégance : Finder est considéré comme une application au même titre que n'importe quelle autre, et reste ouvert quelles que soient les circonstances. Les disques et les disquettes restent donc accessibles en permanence par le biais de leur fenêtre, et leur contenu peut être sélectionné par les méthodes habituelles.

Notons en passant qu'**Accessoires**, le fichier système

chargé de gérer les accessoires de bureau, est lui aussi appelable à tout moment, mais que cela ne le change guère : il a toujours travaillé comme cela, en déposant ses fenêtres sur toutes les autres.

MultiFinder au travail

Pour lancer ce super finder, une première méthode consiste à jouer du clavier : appuyer en même temps sur ⌥ et sur ⌘, et double-cliquer sur l'icône MultiFinder.

Le premier effet visible est d'amener dans le coin supérieur droit de l'écran, au bout de la barre des menus, une icône qui est un modèle réduit de celle de l'application en service. Et le deuxième effet se visualise en déroulant le menu .

Commençons par la fin, avec le dernier article : **A propos du MultiFinder...**

> **MultiFinder F2-1.0**
> de Erich Ringewald et Phil Goldman
> © Apple Computer, Inc. 1987

qui fait apparaître la carte de visite des auteurs ; saluons-les respectueusement au passage, et continuons.

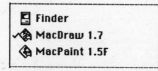

Au-dessus, entourées de deux lignes pointillées, se trouvent des informations intéressantes : la liste des applications ouvertes. Le V signale de plus celle qui est active. Enfin tout au-dessus, en première position, nous retrouvons l'article **A propos du Finder...**, qui donne une fenêtre nettement plus élaborée qu'auparavant :

☐ Le Finder Macintosh™		
Finder : 6.0 (F1)	**Larry, John, Steve, et Bruce**	
System : 4.3 (F1)	**©1987 Apple Computer, Inc.**	
Mémoire totale : 1 024K	**Plus grand bloc disponible : 0K**	
MacDraw 1.7	202K	▓▓▓▓▒▒
MacPaint 1.5F	384K	▓▓▓▒▒▒▒▒
Finder	160K	▓▓▓▒
System	278K	▓▓▓▓▓▓▓

Ces indications techniques sont précieuses, car elles permettent d'organiser le travail en fonction de la place occupée par chaque application. De notre image il résulte clairement qu'il ne faut plus tenter d'ouvrir quoi que ce soit : il reste tout juste 0K ! Par contre, les parties grisées en clair montrent que Mac Draw et Mac Paint ont un certain espace de travail.

Changer d'application peut se faire dans ce menu ☰ en la choisissant comme un article ordinaire.

L'icône témoin, celle du coin supérieur droit, change naturellement en fonction des choix. Mais elle n'est pas seulement témoin, elle est aussi active. Cliquer sur elle fait défiler les applications, et constitue donc une deuxième manière de passer de l'une à l'autre.

Notons encore que l'appel d'un accessoire de bureau place dans le petit coin la valise ornée d'une pomme, ce qui montre bien que ce gestionnaire est considéré comme application ordinaire.

En principe, Multifinder permet d'ouvrir jusqu'à trente-deux applications, mais point n'est besoin d'être prix Nobel pour déceler dans ce nombre une pointe d'humour. Primo parce que cela demanderait une quinzaine de mégaoctets de mémoire vive, ce qui n'est pas à la pointure d'un Mac ; secundo parce qu'il faudrait être un peu maniaque pour jongler avec plusieurs dizaines de programmes distincts !

Il n'empêche que cet outil est d'une grande utilité, à condition d'avoir au moins deux mégaoctets dans la boîte. C'est parfaitement possible, mais cela demande le remplacement d'une carte dans l'unité centrale. Si notre expérience peut intéresser quelqu'un, disons que quatre mégas et quatre programmes ouverts constituent des conditions de travail vraiment agréables.

Fixer le démarrage

Le menu **Rangement** contient un article très important, bien souvent mal connu. Si le bureau et les disquettes s'affichent au départ d'une session de travail sur

Mac, c'est parce que, à défaut d'indication contraire, Finder prend le contrôle des opérations.

Mais précisément, **Fixer le démarrage...** est là pour les donner, ces indications contraires.

Comme le montre la fenêtre de dialogue :

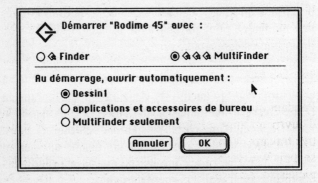

le choix est donné entre **Finder** et **MultiFinder**. Si une application était sélectionnée avant d'appeler cet article, le choix de Finder et un clic sur OK vont fixer une chose ; au prochain démarrage, cette application s'ouvrira automatiquement. Ce qui figure à l'image est l'autre option. Nous avons commencé par sélectionner un document nommé Dessin1. Un clic sur OK dans ces conditions provoquera au démarrage suivant non seulement l'ouverture d'une application, celle qui a produit Dessin1, mais encore celle du document choisi. On est ainsi à pied d'oeuvre sans une seule manipulation.

Mieux, on peut faire usage du **Multi**. On peut sélectionner une liste d'applications et de documents, et enregistrer ce choix par un OK. Encore une fois, tous les démarrages ultérieurs ouvriront fidèlement tout ce qui est enregistré, à condition bien sûr que la mémoire le permette.

Question de plans

Cette possibilité d'ouvertures multiples pose assez naturellement une nouvelle question, que nous décrirons par un exemple. Supposons que l'application active soit sollicitée par son utilisateur à faire de longs calculs. Ce dernier peut entrer ses données, poser ses questions, puis lancer le traitement nécessaire.

Pendant que les calculs se font, grande est la tentation d'ouvrir un autre programme, et de commencer d'autres travaux. Vous y succombez, vous faites autre chose, puis vous revenez aux calculs. En principe, si les logiciels sont conçus normalement, *ces calculs ont dû se poursuivre* dans l'ombre, pendant que vous ne regardiez pas. Cela fait gagner pas mal de temps, et c'est ce que l'on appelle un *background processing*, un traitement d'*arrière-plan*. Nous allons y venir au chapitre suivant.

Résumons-nous

Mac fournit à ses utilisateurs un ensemble de routines graphiques et de gestionnaires. Tous les programmes peuvent en faire usage, et c'est le cas en particulier du Finder, qui est le gestionnaire général de l'interface graphique.

Le menu contient :

- des accessoires de bureau, c'est-à-dire des petites applications d'utilité courante, qui sont accessibles à tout moment,
- des accès aux réglages du système.

Parmi ces réglages, on trouve :

- le dessin du fond d'écran,
- la vitesse du clignotement du point d'insertion,
- le nombre de clignotements d'un article lors de son choix,
- la date et l'heure,
- le volume sonore,
- la dimension de la mémoire cache,
- la disposition des touches sur le clavier,
- la sensibilité des touches à la répétition,
- la vitesse de déplacement du pointeur sur l'écran.

On peut personnaliser son système en créant un écran d'accueil, un son d'accueil, un son d'avertissement.

Le Finder peut être chapeauté par MultiFinder, qui permet de maintenir plusieurs applications ouvertes, en ce compris le Finder lui-même, et de passer de l'une à l'autre en transmettant des informations.

Par défaut le démarrage se fait sur le Finder, mais il est possible de le fixer sur Finder et une application, ou bien de le fixer sur Multifinder avec plusieurs applications, ou encore des documents qui eux-mêmes entraînent l'ouverture des applications nécessaires.

Imprimer avec Mac

Il nous a fallu beaucoup de pages pour en arriver à cette partie consacrée à l'impression, mais la raison va bientôt vous apparaître : pour utiliser au mieux les possibilités que Mac offre en la matière, il est nécessaire d'avoir une vision globale de sa manière de travailler.

Le principe est cependant très simple ; d'un côté se trouve un Macintosh, de l'autre une imprimante : comment faire pour que cette dernière couche sur le papier ce qui lui est demandé par le premier ?

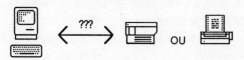

Ce qui se voit sur chaque appareil est un connecteur, ce qui se voit entre les deux est un cable ; ce qui ne se voit pas, mais qui est encore plus important, est que dans chacun d'eux se trouvent des *programmes*.

Soyons plus concret, et limitons pour l'instant les appareils d'impression à trois possibilités :

Image Writer

AppleTalk Image Writer

Laser Writer

LaserWriter

La face arrière du Mac comporte deux connecteurs utilisables pour l'impression :

La présence d'une icône en forme de téléphone peut surprendre à cet endroit, mais elle est assez logique, et nous y reviendrons lorsque nous parlerons de télécommunications.

Ces connecteurs sont des microdin femelles à huit broches, ce qui implique forcément que les cables doivent être pourvus de l'autre sexe.

Le cas le plus simple est celui que nous avons utilisé au chapitre 6 pour introduire les diverses options qui s'offrent à Mac Write pour produire un document : le raccordement à l'imprimante matricielle Image Writer. Il suffit de la relier d'un cable avec Mac, et le tour est joué. Pour être plus technique, disons qu'il s'agit d'une liaison **RS-232-C** tout ce qu'il y a de plus classique.

Oui mais, attention tout de même : Mac ne sait pas a priori comment vous comptez travailler ; il faut le lui dire, il faut régler les *paramètres d'impression*. Cela se fait, comme d'habitude, par l'intermédiaire d'une fenêtre de dialogue, qui est appelée par un article du menu : **Sélecteur**. Il affiche dans cette fenêtre les icônes que nous avons énumérées ci-dessus, et qui figurent également dans le dossier système. Cette coïncidence ne doit rien au hasard.

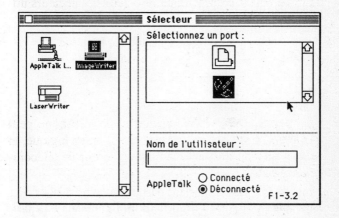

Nous avons déjà dit que le menu est le moyen d'accéder aux réglages, et ceci en est une bonne illustration. Si vous enlevez, par exemple, l'icône ImageWriter du dossier système, et que vous rappelez le sélecteur, vous constaterez que cette même icône a disparu de la fenêtre de dialogue. Le système ne "voit" plus le programme d'impression sur ImageWriter, et ne vous donne donc plus, en bonne logique, la possibilité de choisir un appareil qui n'est plus présent.

Ce choix se fait, comme toujours, à l'aide d'un clic soigneusement médité. Pratiquée sur ImageWriter, cette opération amène le choix entre les deux icônes représentant les connecteurs : dans ce cas, en effet, c'est la seule ambiguïté qui reste à lever. En principe, celle qui représente une imprimante est celle qui doit être utilisée.

En dessous de ce choix le terme AppleTalk revient une nouvelle fois : il serait temps de s'en préoccuper.

AppleTalk ○ Connecté
◉ Déconnecté

AppleTalk

Non les pommes ne parlent pas, et Alice n'est pour rien dans ces merveilles. AppleTalk nous introduit cependant dans un monde nouveau, celui où les machines s'échangent des données, en un mot celui des **réseaux**.

Le principe en est relativement simple. Plutôt que d'instaurer des dialogues stricts entre **une** imprimante et **un** Mac, AppleTalk est une manière de mettre en contact une série d'appareils. Lorsqu'un document doit être transmis de l'un à l'autre, le gestionnaire du réseau le découpe en paquets, leur colle une adresse et les fait circuler. Le destinataire les recueille, les recolle et reconstitue le document de départ.

Le premier intérêt de la méthode est de simplifier les connexions. Si quatre Mac doivent utiliser la même imprimante, il faudrait imaginer une boîte accueillant quatre fils, et des boutons pour sélectionner le bon contact. Avec AppleTalk un seul fil court d'un appareil à l'autre, et toutes les mises en relation se choisissent par des commandes logicielles.

Le deuxième est d'obtenir une circulation des informations nettement plus rapide. A titre indicatif, disons que le RS-232-C, la connexion simple si vous préférez, travaille en général à 9 600 bits par seconde, ce qui donne environ six cents caractères par seconde, alors qu'en AppleTalk ces chiffres montent à 230400, ou 15000 caractères par seconde ! Et c'est loin d'être un record ; avec la même technique il est parfaitement possible d'aller dix à vingt fois plus vite.

Quatre Mac pour une imprimante, est-ce une proportion raisonnable ? L'expérience montre que oui, qu'une imprimante est rarement saturée par les travaux que lui demande un seul utilisateur. Et c'est là le troisième intérêt de la mise en réseau : permettre à une machine d'être utilisée de la manière la plus rentable possible.

L'icône AppleTalk ImageWriter prend donc un sens assez clair : c'est une ImageWriter dans laquelle suffisamment d'électronique a été ajoutée que pour lui permettre de fonctionner en réseau.

Laser

Mais il y a mieux. Tout le monde sait à présent qu'Apple Computer propose des imprimantes dont le principe, s'il n'est pas neuf, n'en a pas moins révolutionné la micro : les **LaserWriter**.

Citons quelques chiffres pour fixer les idées. Image Writer marque des points distants latéralement de 1/72e de pouce, et le mécanisme d'entraînement du papier le déplace par pas de 1/144e de pouce. Pour améliorer la qualité de l'impression, on peut demander à la machine un deuxième passage, qui marquera des points entre les précédents.

Au total, cela donne une définition de 144 points au pouce, et une présentation de bonne qualité.

La LaserWriter, comme son nom l'indique à suffisance, fait usage de la finesse d'un rayon laser, et obtient de la sorte une définition de **300** points au pouce. Tout bien compté, cela fait 12 points par millimètre, ou encore 144 points par millimètre carré.

La qualité qui s'en déduit est remarquable, et commence à supporter la comparaison avec la typographie.

"Supporter" seulement, car il faut savoir aussi qu'en photocomposition une définition de 1200 points par pouce est considérée comme un minimum !

En attendant, ce procédé a propulsé la micro en un domaine où l'on ne l'attendait pas. Alors que les imprimés produits dans ce petit monde étaient célèbres pour leur médiocrité graphique, voilà qu'ils entrent en concurrence avec l'imprimerie traditionnelle, et que le couple Mac/Laser crée un nouveau créneau, la Publication Assistée par Ordinateur, avec ses programmes, ses revues, ses spécialistes.

PostScript

Mais les 300 points au pouce n'ont pas seulement amélioré la qualité des documents, ils ont aussi modifié profondément la manière de nouer le dialogue entre ordinateur et imprimante.

Avec une imprimante matricielle comme ImageWriter, Mac envoie une suite de codes conventionnels et de codes de contrôle qui, avec le contenu d'une mémoire morte située dans l'imprimante, compose la feuille imprimée point par point ; c'est une manière de travailler qui fait penser au *bitmap*, cher à Mac Paint.

Une imprimante à laser ne peut plus se contenter d'un tel procédé, du moins si l'on veut exploiter ses qualités potentielles. La nouvelle idée est d'envoyer à l'outil d'impression une **description** de la page. Par exemple, pour ordonner le tracé d'une droite, l'ancienne méthode consiste à en représenter tous les points par une suite de 0 et de 1, alors que la description revient à dire : ordre de tracer une droite entre le point de coordonnées $x_1 y_1$ et le point de coordonnées $x_2 y_2$. Il est clair que cela change tout ; à l'intention de LaserWriter, Mac *rédige* une description des travaux qu'il demande, lui envoie le *texte* de cette description, et l'imprimante *interprète* ce texte.

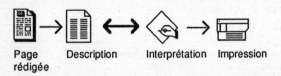

Page rédigée   Description   Interprétation   Impression

Cette manière de faire nécessite bien plus que des codes de contrôle ; la description et l'interprétation supposent l'existence d'un **langage** commun. Apple a choisi le langage developpé par la société **Adobe Systems** : il s'appelle *PostScript*.

Sa renommée est internationale, à tel point qu'il est devenu un standard de fait. Pratiquement tous les fabricants d'imprimantes à laser proposent un interpréteur PostScript, même les concurrents les plus directs de la société à la . Ceci est important à noter, car c'est une manière d'introduire un langage commun aux imprimantes.

Il est à remarquer aussi que si PostScript est dédié à la description des pages, il possède également toutes les fonctionnalités d'un langage interprété de haut niveau, dont le style fait assez fortement penser au **Forth**. La conséquence est que l'on peut, par exemple, faire des calculs ou gérer des fichiers en ce langage. Et la Laser-

Writer, qui est forcément dédiée à l'impression, *est aussi un ordinateur*, avec son microprocesseur, sa mémoire, etc. Il suffit d'un petit programme de télécommunication pour la faire fonctionner comme un ordinateur dont les performances n'ont rien à envier à Mac lui-même.

Il est clair cependant qu'elle n'est pas faite pour cela ; mais il est clair aussi que le dialogue entre un instrument passif, comme une imprimante matricielle, est tout à fait différent de ce qu'il devient entre deux machines capables de "penser". C'est ainsi qu'une Laser-Writer peut expliquer ce qu'elle est en train de faire, opérer des choix, envoyer des messages d'alerte, etc.

Réseau

La double flèche de la figure précédente symbolise à la fois ce mode de dialogue, et le fait que, bien entendu, il reste nécessaire d'organiser la communication entre l'ordinateur et l'imprimante.

Les LaserWriter d'Apple sont prévues pour fonctionner en réseau AppleTalk, ce qui implique qu'elles sont d'origine partageables entre plusieurs Mac.

Pratiquement, cela se passe comme ceci. Lorsque le ou les Mac sont mis en marche, ils se mettent dans un état de fonctionnement qui dépend de ce qui a été fixé comme démarrage. De toute manière, si AppleTalk n'est pas actif, le sélecteur permet de le mettre en route.

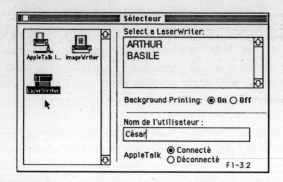

Si une ou plusieurs imprimantes sont disponibles sur le réseau, leurs noms apparaissent dans la fenêtre de sélection. Un clic sur celle qui convient donne au Mac utilisé l'adresse de la machine choisie. C'est donc à celle-là que seront envoyés les travaux d'impresssion ; rien n'empêche évidemment l'utilisateur de modifier ce choix en cours de travail. Si le réseau n'est pas actif au départ, le simple fait de cliquer sur LaserWriter amènera cette connexion, puisque Mac "sait" que c'est nécessaire.

Imprimer au laser

Cette sélection étant faite, les programmes capables d'imprimer quelque chose ont à leur disposition tous ce qu'il faut pour le faire avec l'aide du laser. Entendez par là que les articles du menu **Fichier : Format d'impression...** et **Imprimer...** amèneront à l'écran des fenêtres de dialogue qui tiendront compte de la sélection opérée.

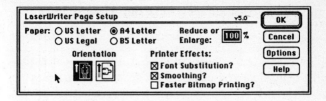

Le premier montre des possibilités que nous connaissons déjà : le format du papier et l'orientation, et d'autres typiquement laser. Le pourcentage de réduction nous rappelle qu'un langage est en jeu. Il suffit de préciser ce paramètre pour mettre toute la description à l'échelle ; c'est particulièrement efficace pour placer du texte et des dessins sur une même feuille, dont le format n'est pas standard !

Les trois articles **Printer Effects** sont de la même veine. A priori, la LaserWriter reconnaît un certain nombre de polices de caractères, placées dans sa propre mémoire. On y trouve traditionnellement Times, Helvetica, Courier, Symbol. Si le texte à imprimer contient d'autres polices, PostScript peut en créer une représentation imprimable, mais cela prend du temps. C'est la raison pour laquelle le gestionnaire des impressions demande s'il peut se simplifier la tâche en remplaçant les polices qu'il ne connaît pas par d'autres dont il possède les détails.

Smoothing s'adresse plutôt aux dessins. Son choix signifie la mise en oeuvre d'un algorithme d'adoucissement, capable de rendre les contours plus agréables. **Faster Bitmap Printing**, au contraire, est une demande d'impression au brouillon ; elle n'adoucit rien,

et permet d'obtenir un résultat sur papier plus rapidement.

Les boutons de choix situés à droite sont classiques,
mais il reste à voir ce qui se cache derrière **Options**.

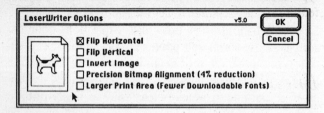

La réponse pourrait être: un petit chien. Ce sympathi-
que quadrupède a pour mission d'illustrer une palette
de manipulations, due une fois de plus à la puissance de
PostScript. On peut demander des impressions qui, sans
modifier le document actif, produisent des manipulations géométriques avant l'arrivée des points sur le papier. On peut ainsi demander d'opérer une symétrie par
rapport à un axe vertical ou un axe horizontal, d'inverser l'image, au sens vidéo du terme, de réduire légèrement la dimension pour accroître la précision des alignements, d'imprimer sur une surface plus large que
normalement prévu, toutefois au détriment du nombre
de polices utilisables. Toutes ces options simulent leur
effet sur le charmant petit canidé, qui ne craint pas de se
retouner dans tous les sens.

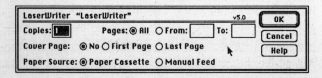

L'article **Imprimer...** ne diffère pas très fort de son équivalent consacré à ImageWriter. On remarquera simplement que le nom de la Laser de service y figure entre guillemets — ici le nom est celui attribué par défaut, et que les rouleaux de papier, inconnus sur ce type d'appareil, sont remplacés par une cassette de feuilles vierges, comme dans une photocopieuse.

Encore les plans

Nous disions que MultiFinder permet de faire des choses en arrière-plan ; c'est particulièrement vrai pour l'impression. Le lecteur attentif aura remarqué sur la fenêtre du sélecteur une ligne comportant deux boutons : **Background Printing On** ou **Off**. Le choix de **On** met en action un fichier système particulier :

Backgrounder

C'est lui qui va diriger l'impression en arrière-plan. Cela signifie que Mac peut se contenter, lors d'une demande d'impression, d'envoyer les travaux à faire à Backgrounder qui prend dès lors toute la procédure en charge, et redonne la main à l'utilisateur. Celui-ci peut donc vaquer à nouveau à ses occupations en toute quiétude, pendant qu'un dialogue constructif se poursuit par réseau interposé, avec comme résultat l'impression demandée, presque sans bloquer Mac vis-à-vis de son utilisateur et maître. Bien sûr, il est nécessaire de pouvoir de temps en temps vérifier si les choses se passent bien, c'est-à-dire d'avoir un accès au déroulement de l'impression en arrière-plan. Le fichier système :

PrintMonitor

est prévu pour cela. Il peut soit être appelé directement par son icône, soit afficher en permanence des indications à l'écran.

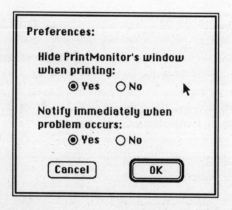

Le choix entre ces deux manières de travailler est offert au travers du menu Fichier qui apparaît à l'appel de ce Print Monitor. On y remarquera la séparation entre l'affichage du *statut*, et celui des *problèmes*.

Les messages proprement dits apparaissent dans une grande fenêtre :

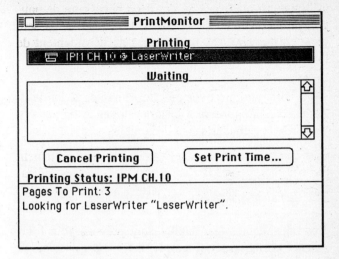

avec l'indication du document en cours de traitement, la liste de ceux qui sont en attente, et une case qui affiche les étapes des impressions. **Cancel Printing** a l'effet que l'on devine, c'est-à-dire l'annulation de l'impression en cours. **Set Print Time, par contre,** est une commande plus sophistiquée. Elle permet de différer l'impression en choisissant son début, grâce à l'horloge et au calendrier.

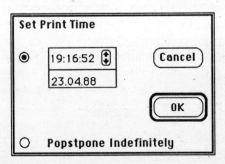

Résumons-nous

Mac communique avec les imprimantes à l'aide de *ressources d'impression* installées dans le fichier système. Deux techniques sont disponibles :

1°) la liaison RS-232-C, c'est-à-dire la liaison sérielle classique,
2°) la liaison par réseau local AppleTalk.

Les imprimantes matricielles sont prévues pour fonctionner en mode sériel simple, mais il est possible de leur ajouter une carte de communication AppleTalk. La LaserWriter est prévue pour fonctionner en réseau, et possède d'origine l'électronique nécessaire.

La communication entre Mac et la LaserWriter se fait non par des codes de caractères, mais à l'aide d'un langage de description nommé **PostScript**. Ceci donne une plus grand souplesse à la définition des impressions, dans la mesure ou plusieurs paramètres, comme l'échelle ou l'orientation, peuvent être modifiés dans la description par une simple commande.

Le MultiFinder permet d'utiliser les ressources d'impression en arrière-plan, c'est-à-dire de procéder à l'impression tout en continuant de travailler sur une application.

Les logiciels de Mac

Un ordinateur sans logiciel est comme un pommier sans fruit : joli à regarder, mais pas très utile ; c'est pourquoi, comme nous l'expliquions déjà au chapitre 6, il est préférable d'étudier le fonctionnement de Mac au travers des programmes. Ceux que nous venons de parcourir nous ont montré de quelle manière notre machine favorite manipule trois sortes de données : les textes, les dessins en bitmap, les dessins par objets.

Nous allons continuer dans cette optique en reprenant quelques grands thèmes d'applications, afin de mieux montrer ce que Mac peut faire. Il est clair cependant qu'il est totalement impossible de les citer toutes. A l'époque héroïque de sa naissance, il en faisait tourner quatre ; à l'heure actuelle, plusieurs mensuels de volumes respectables sont entièrement consacrés aux nouveautés du monde Mac, et un hebdomadaire du même genre vient de voir le jour. Et tout cela, sans jamais manquer de matière !

Autrement dit, la bibliothèque des programmes contient des milliers de titres, et sa croissance ne donne aucun signe de ralentissement. Si nous poursuivons notre chemin dans ce domaine, ce n'est donc pas pour établir un catalogue mais, plus modestement, pour vous faire entrevoir l'étendue des dons du héros de ce livre.

Traitements de texte

En cette matière il est un mot qui fait fureur depuis pas mal de temps : WYSIWYG. Lisez : What You See Is What You Get, ou encore : ce que vous voyez est ce que vous obtenez.

Cela semble élémentaire : pourquoi composerait-on des écrans qui ne ressembleraient pas au résultat à produire sur le papier ? Pour la simple raison que les écrans n'ont pas toujours été capable de le faire. Ayez donc une pensée émue pour ceux qui traitaient du texte avec sous les yeux des caractères mal dessinés, dont il fallait savoir qu'un soulignement plein signifiait : caractères gras, un surlignement pointillé : italique, etc. C'est, entre autres choses, une des influences de Mac que de faire paraître les textes sur des écrans de bonne résolution, capables de montrer la différence entre du Geneva 12 et du Helvetica de même taille. Le terme barbare cité ci-dessus a d'ailleurs fait des petits : on parle de traitement de texte WYSIAWYG, comme What You See Is Almost What You Get, WYSIWYW, comme What You See Is What You Want, etc.

Pages paires-impaires

Les documents qui utilisent les en-têtes et les pieds de page sont généralement assez longs, et souvent faits pour être reliés. Dans ce cas il peut être intéressant de pouvoir traiter séparément les pages paires et les pages impaires. Pour trouver un exemple d'utilisation de cette idée, il vous suffira de lever les yeux sur les en-têtes des présentes pages : nous avons défini l'en-tête à gauche pour les pages paires, et à droite pour les pages impaires. La fenêtre dans laquelle ces définitions se font est claire : l'icône ☐ signifie en-tête, et ☐ pied de page.

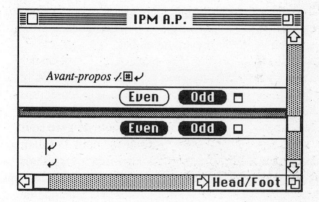

Il est d'ailleurs parfaitement possible d'en changer en cours de texte. Il suffit pour cela d'en demander la définition, après avoir placé le curseur dans la page où la modification doit débuter.

Notes

Certains textes, comme ceux à caractère historique, font un grand usage de *notes*. Qu'elles se placent en bas de page ou en fin de chapitre, il est important de disposer d'un logiciel qui en assure la gestion, c'est-à-dire qui assure leur insertion dans le texte, et qui tienne compte de leur numérotation. Dans le texte qui suit, l'auteur a voulu préciser l'expression "âge de raison" :

Ce n'est plus un bébé. Il a largement dépassé l'âge de raison [1], puisqu'il a fait son apparition il y a une dizaine d'années, sous forme d'ordinateur familial.

---

1 Sept ans, comme chacun sait.

La procédure est simple, il suffit de choisir l'article **Footnote**, et d'écrire dans la fenêtre adéquate le texte que l'on veut voir apparaître au bas.

Et si, par exemple, deux notes ont déjà été insérées, et que l'auteur veuille en placer une troisième, entre les deux précédentes, le programme réagira comme un être doué de raison : il rebaptisera 3 celle qui portait le numéro 2, et réservera ce numéro à la nouvelle :

Nous avons pris comme exemple le logiciel **Write Now**, de **NeXT Inc.**, société qui est entrée dans l'histoire d'une manière un peu mouvementée : elle a été fondée par *Steve Jobs*, cofondateur de la société **Apple**, après son éviction par le nouveau boss, *John Sculley*. Ce remplacement se fit sans grande aménité, mais là n'est pas notre propos ; nous nous contenterons de remarquer que Write Now est un excellent produit, qui entre autres exploits glorieux, a servi à réaliser l'ouvrage que vous avez sous les yeux.

Césure

Dans un texte justifié, on a souvent la désagréable sensation de voir surtout du blanc. Ce n'est pas étonnant, puisque le principe de la justification est précisément d'en glisser entre les mots, de manière à obtenir l'alignement vertical des deux côtés. Une manière de remédier à cela est de *couper les mots*, de faire ce que les traitements de texte appellent des *césures*. Comme chacun sait, on ne peut pas couper les mots n'importe comment ; quatre ou cinq règles fondamentales sont à respecter, et le drame est que ces règles varient d'une langue à l'autre. Pour pouvoir bénéficier de cette facilité, il est donc impératif de choisir un logiciel écrit dans la langue de travail. Son utilisation, par contre, ne pose aucun problème.

En général, elle propose deux options : ou bien elle effectue la césure sur tout un texte, sans poser de question à son auteur, ou bien elle lui demande une approbation à chaque tentative, dans une fenêtre de dialogue, comme d'habitude. Dans les images qui suivent, nous avons choisi le programme **Word 3.0** de **MicroSoft**.

> l'exploitation. Aux U.S.A, l'impôt sur le revenu relève
> obligatoirement du gouvernement fédéral ; les
> contributions indirectes sont exploitées par les
> collectivités régionales et locales selon un taux qui

Le signe ; est visiblement entouré de beaucoup de blanc,
raison pour laquelle Word propose de couper le premier mot de la ligne suivante, mot dont la réduction fe-
rait sans doute bien des heureux :

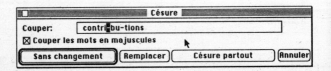

Il est à remarquer que dans cette manière de faire, l'utilisateur n'est pas obligé d'accepter la césure possible.

Orthographe

Si vous ne faites jamais de fôtes d'aurtaugrafe, ce qui
suit ne vous intéressera pas. Si vous en êtes accablé, ne
vous faites pas trop d'illusions : Word ne corrige pas
tout ; par exemple, tout ce qui est accord ou grammaire
lui est inconnu. Les programmes de correction pro-
cèdent généralement par comparaison avec un dictionnaire ; si le mot examiné existe, rien ne se passe, dans le
cas contraire, le programme signale qu'il ne le reconnaît pas, et demande des instructions. Trois options sont
offertes : l'utilisateur peut taper lui-même une nouvelle
orthographe, il peut décider de ne rien changer, il peut
appeler à l'aide. Dans ce dernier cas, la fenêtre affiche

une suite de mots qui ressemblent à celui qui fait l'objet de l'examen, en proposant d'en choisir un.

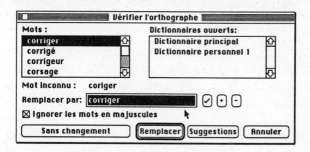

Le dictionnaire de référence est fourni avec le logiciel, mais il est possible soit d'y ajouter des mots, soit de constituer des dictionnaires annexes, avec des termes techniques par exemple.

Plan

Les traitements de textes performants essaient d'aller plus loin que le texte, en adoptant un principe plein de bon sens : écrire un texte sert à exprimer des idées, donc aider son auteur peut consister à mettre de l'ordre dans son inspiration, *avant* de la traduire en mots.

Concrètement, cela signifie qu'il est possible de définir la *structure* d'un texte avant de l'écrire, et de la modifier à volonté. Pour ce faire on procède par niveaux : les titres de chapitre, les sections, les paragraphes, etc. Raisonnons sur un exemple. Voici une liste de titres non stucturée :

Les mots
Mots doux
Mots tendres
Tendresse familiale
Tendresse patronale
Mots semi-durs
Mots durs pour les tendres
Mots tendres pour les dures
Les choses
Choses de la vie
Choses de la terre
Choses de l'amour
L'amour

Vue comme ceci, la structure est tout sauf évidente, alors présentons-la autrement.

I. Les mots
   I.a. Mots doux
   I.b. Mots tendres
      I.b.1. Tendresse familiale
      I.b.2. Tendresse patronale
   I.c. Mots semi-durs
      I.c.1. Mots durs pour les tendres
      I.c.2. Mots tendres pour les dures
II. Les choses
   II.a. Choses de la vie
   II.b. Choses de la terre
   II.c. Choses de l'amour
III. L'amour

Le jeu sur la numérotation et le retrait permet de voir assez clairement l'enchaînement des idées de l'auteur. Il s'obtient automatiquement avec les commandes :

← → ↑ ↓ ⟫ + − 1 2 3 4 5 6 7 8 9 ▤

Les flèches ← et → permettent de modifier le *niveau*, avec la convention que 1 représente le plus élevé, **chapitre** ou **partie** par exemple. Le dessin montre que Word peut gérer jusqu'à neuf niveaux, sans parler du dernier, que l'on obtient avec la flèche ⟫ , et qui est celui du texte proprement dit — eh oui, il y en tout de même un peu.

Un clic sur un des chiffres amène à l'écran uniquement les titres des niveaux supérieurs ou égaux. Par exemple, dans notre plan précédent un clic sur **1** donnerait :

I.   Les mots
II.   Les choses
III.   L'amour

un clic sur **2** ajouterait les.a, b :

I.   Les mots
          I.a. Mots doux
          I.b. Mots tendres
          I.c. Mots semi-durs
II.   Les choses
...

Les flèches verticales ↑ et ↓ permettent de permuter les titres et les morceaux de texte, les options + et - de n'afficher que des parties de structure... bref, il s'agit bien d'un *gestionnaire d'idées*.

Feuilles de style

Nous savons que Macintosh permet d'innombrables variations dans la présentation. En combinant les polices, les tailles et les styles, votre serviteur a sous la main (celle qui tient la souris) la bagatelle de quatre cents possibilités ! Oui mais, c'est bien connu, le trop est l'ennemi du bien ; devoir choisir entre autant d'options peut devenir fastidieux. C'est pourquoi les programmes évolués permettent de définir des *feuilles de style*.

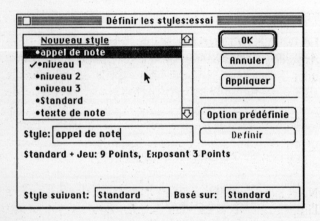

En couplant cette possibilité avec le plan cela peut donner quelque chose comme ceci :

- niveau 1 : Times 24 points italique encadré
- niveau 2 : Athens 18 points romain souligné
- standard : Times 14 points romain justifié
- notes : ...

On peut donc définir la police, la taille, le style, le cadrage, les tabulations...sous un nom de style, et l'associer à un niveau, aux notes en bas de page, etc.

Feuilles de style et plan prennent un peu de temps *avant* de commencer la rédaction d'un document, pour en faire gagner beaucoup *pendant* sa confection.

Publication assistée

Le *Desktop Publishing*, ou en français *Publication Assistée par Ordinateur*, est une discipline toute neuve, dont il n'est pas exagéré de dire qu'elle est née dans le sillage de la paire **Macintosh-LaserWriter**. Elle procède d'une constatation : la qualité d'impression obtenue est telle que l'abîme qui séparait jadis l'imprimante d'ordinateur de la typographie s'est réduit à une petite tranchée pas bien difficile à franchir.

Nous avons cité des chiffres dans la partie consacrée à l'imprimante, et il est clair qu'entre 300 et 2400 points au pouce subsiste une différence non-négligeable. Mais il se fait que pour une bonne partie des travaux dédiés traditionnellement à l'imprimerie classique, cette qualité est suffisante. C'est de cette constatation que provient une nouvelle approche du micro-ordinateur ,qui le considère à la fois comme un outil de traitement de texte et comme un instrument de composition graphique.

Il faut ajouter cependant que quelles que soient les qualités du matériel Apple, cette approche n'aurait jamais vu le jour sans une importante percée *logicielle*. Nous en avons déjà évoqué la première partie, c'est-à-dire la création du langage de description de page *PostScript*, mis au point par **Adobe Systems**. Mais il fallait encore fournir des logiciels permettant l'exploitation de ces potentialités nouvelles, ou pour dire les choses en langage plus sportif, il fallait *transformer* l'essai Post-Script.

L'auteur du premier coup de pied victorieux fut la société **Aldus Corporation**. "Aldus" est une fine allusion à Aldo Manuzio, célèbre imprimeur Vénitien qui travailla à Venise pendant la deuxième moitié du quinzième siècle ; c'est à lui que l'on doit le style de caractère *italique*.

La société Aldus sorti en 1985 la première version d'un logiciel appelé **PageMaker**, et qui, comme son nom l'indique, est fait pour la composition. Il permet de mettre des textes en colonnes, d'insérer des images, de faire courir le texte autour des images, d'équilibrer les morceaux de colonnes entre différents articles, ... bref,

une bonne partie de ce que fait habituellement un programme de photocompostion, avec deux différences
essentielles : son prix modéré, comparable à celui d'un
traitement de texte ordinaire, et sa facilité d'utilisation,
due comme toujours aux divers objets qui font l'interface Mac.

Une petite nouveauté à y signaler : la boîte à outils, un
peu du style Mac Paint, à ceci près qu'elle est déplaçable
à volonté sur le bureau. D'autres logiciels ont repris
l'idée depuis, surtout ceux qui concernent le dessin.

Il est à noter que l'aventure de la P.A.O. est finalement
très *Mac* : Page Maker est parfaitement incapable de
saisir du texte ; il ne foncionne qu'à partir de données
fournies par d'autres programmes, ce qui sous-entend
qu'il fallait dès le départ faire confiance aux échanges
de données entre programmes. Confiance bien placée
semble-t-il, puisque Aldus a fait un succès retentissant
avec ce seul produit.

Les programmes de ce type se sont multipliés depuis, et
poussent encore plus loin l'usage des concepts de photocomposition, comme celui de *kerning* ou de dégradé.
Mais au risque de passer pour un rabat-joie, permettez-
nous de remarquer qu'il ne suffit pas d'acheter une
trompette pour devenir Louis Amstrong, ou des chaus-
settes bariolées pour devenir Pelé. Les programmes de

P.A.O. sont de merveilleux outils qui suppriment la barrière technique, mais pas le talent du graphiste. En cette matière comme en toute autre, nous citerons le gouverneur romain *Garovirus* [1] : le tout, c'est de faire preuve de bon goût.

Dessins

Mac Draw et Mac Paint ont eu pas de successeurs, qui ont poussé plus loin les techniques sur lesquelles ils sont construits. On a même vu paraître un programme qui fait la synthèse des deux : **SuperPaint**, de *Silicon Beach Software*.

SuperPaint

On peut y dessiner aussi bien en bitmap que par objets, et l'on peut copier un format sur un autre.

Quelques tentatives vers le dessin en perspective ont été faites, mais il faut bien dire que la puissance de calcul nécessaire n'est pas à la portée d'un Mac Plus ou d'un SE, sauf si on lui "ajoute des muscles" — nous reviendrons sur ces considérations physiologiques.

[1] Voir : Astérix chez les Helvètes, p. 7

Un phénomène nouveau est cependant à épingler. Nous avons cité à plusieurs reprises le langage PostScript et son importance dans le domaine graphique, mais il y a plus. Certains auteurs de logiciels futés se sont fait la réflexion suivante : pourquoi dessiner dans un certain format Mac, et demander ensuite sa traduction en Post-Script avant l'impression ? Il serait nettement plus malin de produire d'emblée un fichier en langage de description.

Parmi ces futés se trouve une société qui avait quelques raisons de penser de la sorte : Adobe Systems, auteur du langage en question ! Son logiciel, **Adobe Illustrator**, est une matérialisation de cette idée, et a ouvert la voie à une nouvelle génération de programmes de dessin. On y trouve des outils de manipulation d'objets :

dont les icônes sont assez parlantes. Première originalité : ils s'appliquent aussi aux morceaux de texte. Par exemple :

Bonjour le monde

devient apès quelques transformations :

Seconde originalité, qui a fait école : le traitement des courbes. Il faut reconnaître que glisser la souris d'un geste sûr n'est pas simple, le trait qui en résulte est en général un peu tremblotant. Or, un outil mathématique d'origine française est en train de conquérir les écrans : la courbe de Bézier, du nom de son inventeur. Mathématiquement, elle consiste à raccorder en douceur des morceaux de coubes polynomiales. Pratiquement, Adobe Illustrator les dessine avec une plume :

et donne accès à sa forme en représentant les tangentes aux points de raccord :

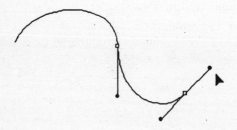

Le contrôle qui en résulte est vraiment simple, et permet de suivre fidèlement n'importe quel contour. A ce propos, ajoutons que le programme peut aussi monter en arrière-plan une image en bitmap, de manière à la "décalquer" avec la plume et les autres outils. Enfin, toujours à propos de dessin, mais dans l'acception technique du terme, disons qu'il existe un logiciel sûr et reconnu, **Mac Draft**, de *Innovative Data Design.*, qui peut envoyer ses résultats sur des tables traçantes grâce à un autre programme spécialisé, **Mac Plot**, de *Microspot*. Un programme spécialisé a vu le jour récemment, **Versacad**, mais il semble plutôt destiné au Mac II.

Calculs

A force de parler de texte et de dessins, vous pourriez croire que Mac est incapable de calculer. Rassurez-vous, bonnes gens, il n'en est rien. Primo, il faut savoir que pour dessiner comme il le fait, avec les modifications qui apparaissent à l'écran en temps réel, il faut déjà une sérieuse dose d'arithmétique. Secundo, les programmes dédiés aux calculs existent bel et bien. Le plus célèbre d'entre eux s'appelle :

Excel

Il est dû à **MicroSoft**.

Son principe n'est pas neuf, et est connu sous le nom générique de *tableur*. Il consiste à tout organiser en cases, dans lesquelles on pose soit des données, numériques ou alphanumériques, soit des formules, établissant des relations entre ces cases.

Pour s'y retrouver, le tableur utilise une notation du style "bataille navale" : A, B, C... pour les colonnes, 1, 2, 3... pour les lignes ; les formules sont établies en faisant systématiquement référence à cette numérotation. Un document engendré par un tableur est nommé *feuille de calcul*. En voici un exemple :

On y remarquera la forme particulière du curseur et les rubans de défilement, avec l'aspect *Mac* habituel. Si l'on veut, par exemple, définir la case B6 comme la somme des cases B3 et B4, il faut introduire dans le cadre situé au-dessus de la feuille la formule :

⌖	Fichier	Edition	Sélection	Format
B6			=SOMME(B3:B4)	

Cela peut se faire en tapant directement la formule, ou encore avec un jeu de choix et de souris, par menus interposés. Une fois validée, cette formule va lier le destin de B6 à celui de B3 et B4 : chaque modification de l'une d'entre elles entraînera sa mise à jour, pratiquement instantanée. Voici comment un homme d'affaires, spécialisé en import-export de deux fruits, peut utiliser Excel. Dans ce tableau il n'y a que les chiffres de ventes qui sont introduits par l'utilisateur. La ligne 6 et la colonne F sont obtenues à l'aide de formules, qu'il est d'ailleurs possible de visualiser :

	A	B	C	D	E	F
				Feuille de calcul 1		
		1er trim.	**2e trim.**	**3e trim.**	**4e trim**	*Total*
1						
2						
3	Oranges	4350	7654	9087	7654	28745
4	Bananes	4320	5679	9720	8654	28373
5						
6	*Totaux*	8670	13333	18807	16308	**57118**

Vous constaterez sur ces images que, comme d'habitude, il est possible de choisir la police, la taille et le style des caractères.

	A	B	C
		Feuille de calcul 1	
		1er trim.	**2e trim.**
1			
2			
3	Oranges	4350	7654
4	Bananes	4320	5679
5			
6	*Totaux*	=SOMME(B3:B4)	=SOMME(C3:C4)

Notre exemple est évidemment trop simple pour exprimer la puissance de ce logiciel. Il contient une liste de plusieurs dizaines de fonctions, comme l'exponentielle d'un nombre, le sinus d'un angle, la moyenne et l'écart-type d'une liste de nombres. Il peut établir des liens entre plusieurs feuilles de calcul, il peut servir à classer des données, il connaît le calcul matriciel, et il est capable d'enregistrer des séquences d'opérations que l'on peut baptiser d'un nom de référence, pour ajouter des instructions personnalisées, appelée **macro-instructions** dans son vocabulaire.

Vous comprendrez aisément qu'il soit difficile d'être très détaillé en quelques lignes à propos d'un tel outil.

En fait, un manuel d'utilisation d'Excel prend deux volumes de trois cents pages !

Une remarque pratique s'impose encore à propos de ce logiciel ; il est le fruit du travail d'une société tierce, MicroSoft, comme nous l'avons déjà signalé, mais il est aussi devenu une sorte de standard en matière de calcul. Par exemple, plusieurs programmes destinés aux architectes établissent des métrés ou des déperditions calorifiques en envoyant leurs données à Excel, avec les macro-instructions nécessaires. Cela suppose évidemment un moyen de *communiquer* des nombres ; MicroSoft a créé pour ce faire le format SYLK, qui est lui aussi devenu un standard.

Graphiques

Parmi toutes les choses qu'Excel peut faire, nous avons volontairement omis le tracé des graphiques, pour pouvoir l'évoquer à part. Par exemple, il suffit de sélectionner les lignes de données de notre vendeur de fruits, et de demander la création d'un graphique pour obtenir un diagramme, du genre de ceux que l'on trouve partout où il est question de gestion ou d'économie.

La lectrice et le lecteur futés auront aussitôt compris que Mac Draw n'est pas loin. Et de fait, notre tableur crée des dessins modifiables et manipulables comme notre dessinateur favori, avec déplacements, déformations, etc.

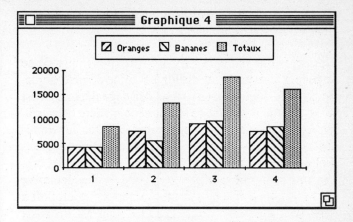

D'autres logiciels ont été créés, dont le but exclusif est de faire ce genre de chose. L'un des plus célèbres à l'heure actuelle est *Cricket Graph*, de **Cricket Software**.

Cricket Graph

Son fonctionnement est des plus classiquement Mac. Une fenêtre pour entrer les données :

	Fruits			
	1	**2**	**3**	**4**
	Périodes	Bananes	Oranges	Totaux
1	1er trim.	4320	4350	8670
2	2e trim.	5679	7654	13333
3	3e trim.	9720	9087	18807

des menus pour régler les détails, comme les types de graphes ou les légendes, et une palette d'outils, qui reprend l'idée de la boîte séparée, comme dans Page Maker.

Tools
A
□
○
\
↖
↖
↖

Les dessins produits sont d'une assez grande souplesse ; on peut y ajouter de nombreux attributs, on peut y dessiner des éléments supplémentaires.

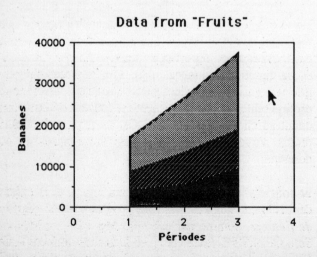

Data from "Fruits"

Pour éviter le recours à une calculatrice ou à un tableur, Cricket Graph permet même de définir des calculs entre colonnes, ou des colonnes en fonction d'autres colonnes.

Un autre avantage est son ouverture vers les tables traçantes ; cela supprime les limitations de format dues aux imprimantes traditionnelles.

HP 7475A

Classer des données

Il y a plusieurs aspects qui distinguent les micros des minis ou des mainframes, mais deux d'entre eux sont particulièrement importants : primo, leur prix, secundo, la quantité de données qu'ils sont capables d'ingurgiter en gardant les idées claires. Et dans le créneau professionnel, ce dernier aspect est souvent déterminant quant au choix d'un système. Or donc, pour être plus précis, voyons ce que peut faire notre héros en ce domaine.

Et tout d'abord, distinguons deux niveaux. Il existe depuis la naissance de Mac des programmes de *gestion de fichiers*, comme par exemple **MS-File**, de *Micro-Soft*. Ce qu'ils font est clair : collecter les données sous forme de fiches pour les organiser en fichiers, permettre leur consultation et leur mise à jour. L'exemple classique est celui du fichier d'adresses, avec les noms, prénoms et coordonnées diverses d'un certain nombre de personnes. MS-File permet de construire des fiches de façon simple, avec encadrements et choix des caractères.

```
1   NOM  SIRAULT          PRENOM:        THIERRY
    FIRME:  APPLE
    ADRESSE:  RUE COLONEL BOURG 104   1140 BRUXELLES
    ADRESSE(Pers.)
    TELEPHONE:          735 60 50
    FONCTION:  TRAINING SUPPORT
```

On peut consulter en cherchant les fiches contenant une donnée particulière, comme celles dont la firme est Apple, on peut les classer dans n'importe quel ordre, on peut retrouver une fiche en donnant les premières lettres d'un nom, etc.

Mais on peut aller plus loin, beaucoup plus loin ; on peut construire des *bases de données*. Explicitons cette idée par un exemple.

Vous êtes directeur d'une école, et vous voulez utiliser l'informatique pour aider à la confection des bulletins hebdomadaires. Bien sûr, cela va sans dire, vous savez que le choix le plus intelligent en matière d'équipement est celui du Macintosh. Au moins deux fichiers sont à construire et à mettre en oeuvre : celui des instituteurs, et celui des élèves. Ces derniers sont logiquement regroupés en classes, mais il peut arriver que d'autres groupements soient nécessaires : pour l'éducation physique par exemple. D'autre part, une même classe peut avoir plusieurs titulaires ; par exemple, un pour le français et un autre pour le calcul... De plus, les fichiers doivent se définir à plusieurs niveaux. Pour le directeur que vous êtes, l'école apparaît tantôt comme une liste de classes, tantôt comme une liste d'élèves : il est donc normal d'organiser un fichier contenant les classes, où chaque fiche à son tour est regardée comme un fichier d'élèves.

Sans entrer dans le détail, cela montre au moins que les deux fichiers doivent être gérés séparément, avec des *liens* entre eux, et avec des procédures de consultation ou de mise à jour. Plusieurs logiciels sont construits pour faire tout cela ; le plus célèbre du moment est **4eDimension**, de la société *A.C.I.*

Instituteur: MOUDUCRANE		Classe: 1eZ	Local: 999
	Liste		
ASTYANAX	HECTOR		⬆
BONDEBUT	SANFIN		
MEDOR	KIKI		
OSDUR	FELIX		
PISTOU	RENE		
RIGOLO	FIFI		
SANSPEUR	TINTIN		⬇

Le dessin ci-dessus représente une partie de notre exemple. Mr. MOUDUCRANE fait partie du fichier du personnel, et possède dans sa propre fiche la liste de ses

élèves comme sous-fichier. Bien entendu, chaque élève
est lui-même sujet d'une fiche consultable ou modifiable séparément. Le lecteur attentif aura remarqué sur le
côté la présence d'un ruban de défilement : **4eD** l'ajoute
lui-même, dès que le nombre de lignes le nécessite.

D'une manière plus générale, le logiciel s'occupe pratiquement de tout ce qui est graphique. Pour définir
l'aspect des fiches il met à disposition un équivalent
presque complet de Mac Draw ; pour organiser le dialogue il emprunte à Mac presque toutes ses routines,
avec fenêtres, boutons, boîtes à cocher, etc. Par exemple, ceci s'obtient à l'aide de quelques lignes d'instructions :

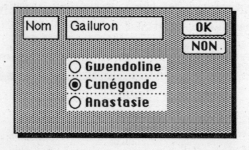

et permet à Gailuron d'opter pour une compagne, une
seule à la fois comme l'exigent les boutons radio. Enfin,
pour les procédures à définir, **4eD** reconnaît un
langage dont la syntaxe fait fortement penser au Pascal,
dans lequel procédures et fonctions se définissent soit
par organigramme, soit en liste, c'est-à-dire en écriture
directe. De plus environ deux cents fonctions particu-
lières énumérées dans une liste sont sélectionnables d'un
simple clic.

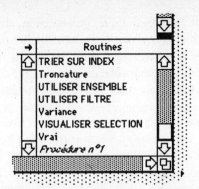

Toutes ces facilités suppriment la plupart des problèmes matériels, comme le dessin des fiches, les écrans de saisie ou l'écriture des routines de base. Elles ne dispensent pas d'avoir les idées claires, mais nous n'avons jamais voulu faire croire que Mac peut penser à votre place.

Son et musique

Au départ, Mac a été doté d'un petit haut-parleur, étudié pour faire bip, et sans doute pour produire quelques effets sonores. Prévoyants, ses constructeurs l'ont également muni d'une sortie sonore, pour les usagers désireux d'entendre les bips vengeurs en haute-fidélité. Ces parties ont été étudiées et installées comme tout le reste : avec beaucoup de soin.

Et puis, les voies du dieu Mercure se sont révélées, une

fois de plus, impénétrables. Quelques programmeurs subtils ont tellement bien exploité ce petit haut-parleur et son accès que Mac est devenu, en plus de toutes ses qualifications, un outil efficace pour les travailleurs du son. Le programme sonore le plus célèbre du genre est nommé **Concertware**, et est dû à *Great Wave Software*. Il est divisé en trois parties

Player   **Writer**   **Inst. Maker**

- **Player** pour jouer les morceaux ;
- **Writer** pour en écrire les partitions ;
- **Inst. Maker** pour en définir les instruments.

Player sort des décibels par le petit haut-parleur dont nous avons parlé, ou par la sortie son. *Writer* est un petit traitement de texte, avec ceci de particulier qu'il traite des portées musicales :

Il le fait d'ailleurs avec une efficacité remarquable, en tout cas assez rare pour être relevée. Une des astuces utilisées est de définir le dessin des notes comme une police de caractères :

Sonata 14&20

et une autre est d'écrire les accords comme des voix séparées, mais superposées sur la portée. *Inst. Maker*, enfin, est un programme un plus technique. Il permet de définir un instrument en agissant sur tous les paramètres : les harmoniques, la forme de l'attaque, le vibrato, etc. Voici une partie de ce qu'il doit savoir pour simuler une clarinette :

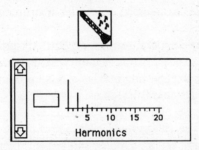

Si vous n'avez pas envie de vous bricoler un violon, rassurez-vous : Concertware est fourni avec une bibliothèque d'instruments.

Inst. Library

A part la musique, Mac peut produire des sons d'une

autre nature : la parole. Eh oui, même s'il n'est pas fait pour cela, notre héros est aussi capable de parler. Quelques logiciels en profitent, dont celui que nous allons aborder, mais il faut ajouter qu'un fichier système a été spécialement conçu pour cette cause. Son nom ne surprendra guère :

MacinTalk

Hypercard

Nous avons déjà cité le nom de Bill Atkinson, auteur d'une bonne part des routines internes du Macintosh, et du premier programme qui les a mis en oeuvre : Mac Paint. Il se fait que Bill n'en est pas resté là : sa nouvelle réalisation, se nomme **Hypercard**. Lors de sa sortie, l'unanimité se fit sur deux points : primo, le programme est génial, secundo, on ne sait pas très bien à quoi il sert.

Mais les idées ont changé depuis, et tout le monde reconnaît que Hypercard a ouvert une nouvelle voie dans la programmation. Pour vous donner une idée de ce qu'il est, prenons un exemple.

Voici la représentation du chef d'un spécimen de l'espèce homo sapiens, dont on sait qu'elle se distingue par le volume de sa boîte crânienne. Un point d'interrogation figure les questions qu'il se pose :

Vous cliquez sur cette tête, le cerveau apparaît. Vous cliquez sur une zone de ce cerveau, sa fonction apparaît. Vous cliquez sur le zoom, un neurone apparaît. Vous cliquez... et après un nombre suffisant de pressions sur le bouton, vous arrivez presque au terme d'un voyage neuronal :

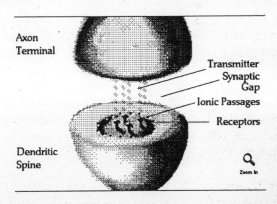

Hypercard, c'est un moyen de circuler dans une grande

masse d'informations sans avoir à taper de code. Pour prendre un exemple plus pratique, et d'ailleurs en cours de réalisation, imaginez comme première image un modèle de voiture, et supposez que vous cherchez un pointeau de son carburateur. Vous cliquez sur la partie moteur, le capot s'ouvre, et le moteur se découvre. Vous cliquez sur le carburateur, et ce dernier éclate en pièces. Vous cliquez sur le pointeau recherché, et l'écran vous indique ses caractéristiques, son prix, sa disponibilité.

Tout ce qui est susceptible d'être considéré comme information peut entrer dans la gestion Hypercard : images, textes, sons, animations, etc. Et le plus fort reste à venir : ces applications sous Hypercard, que l'on nomme des **piles**, sont *très simples à programmer*, grâce à un langage appelé **Hypertalk**. Il suffit d'un peu de logique, et d'un peu de consultation du manuel. Voici un exemple du programme attaché à un stack, programme que l'on préfère nommer **Script** :

```
function startOfWeek aDate
  put 60*60*24 into OneDay
  put aDate into it
  convert it to long date
  repeat while item 1 of it <> "Monday
    convert it to seconds
    subtract OneDay from it
    convert it to long date
  end repeat
  convert it to seconds
  return it
end startOfWeek
```

Un des nouveaux supports d'informations, le disque à lecture laser, est capable d'emmagasiner tellement de choses que si son succès se fait attendre, c'est parce que les sociétés de services ont du mal à le remplir. Mais il ne suffit pas de stocker beaucoup de choses, il faut encore pouvoir les consulter d'une manière simple et rapide — pensez aux difficultés que présente parfois une recherche dans une encyclopédie. Hypercard est en partie taillé pour cela, et devrait montrer son savoir-faire dans un proche avenir.

Résumons-nous

Deux conclusions se dégagent de ce chapitre. La première est que l'étude de nos premiers programmes est une manière élégante de s'initier à une bonne partie du fonctionnement de MAC. Soit dit en passant, Mac Write, Mac Paint et Mac Draw n'ont pas fini de faire parler d'eux, dans la mesure où de nouvelles versions devraient être sur le marché à l'heure où vous lisez ces lignes.

La seconde est que Mac peut vous aider dans presque tous les domaines d'activités, et même à la limite dans vos zones d'**in**activité. En plus de ce que nous avons évoqué, il peut encore vous aider à faire des réussites, à simuler un parcours de golf, à animer des images, etc, etc.

Expérience faite, il n'y a qu'une chose qu'il vous prendra sans espoir de retour : les heures de sommeil.

Autour de Mac

Un peu d'histoire

Jusqu'ici nous avons parlé du Macintosh de manière générique, en faisant référence à l'espèce plutôt qu'aux individus. Mais chacun sait que Mac a fondé une famille, dont les membres successifs marquent l'évolution. La meilleure manière de comprendre les différences entre Mac's est sans doute d'en retracer l'histoire.

Le premier Macintosh est sorti en 1984 des ateliers d'Apple Computer de Cuppertino, Californie. Il avait une mémoire vive de 128 K, un seul lecteur de disquettes, capables de mémoriser 400K chacune. Son péché mignon consistait à vous envoyer toutes les 30 secondes une fenêtre de dialogue demandant d'insérer telle ou telle disquette. La raison de cette manie tenait en ces deux nombres : 128K, 400K. Les applications un peu volumineuses étaient divisées en tranches, et l'utilisateur était prié de les glisser dans la boîte à une fréquence élevée, pour donner au système l'illusion qu'il disposait du saucisson tout entier. Seul le Tout-Puissant sait quelle fut la souffrance de votre serviteur lorsqu'il écrivit **Le guide Marabout du Macintosh** : sa main droite avait doublé de volume à force de jouer au disk-jockey.

Quelques mois plus tard apparut le lecteur de disquettes externe, suivi d'assez près par une version gonflée : 512K, ce n'était pas encore le pactole, mais cela simplifiait déjà les choses. Les premiers disques durs de 20 mégas firent leur entrée à peu près au même moment ; ils se branchaient sur l'entrée prévue pour le lecteur externe.

L'étape suivante fut importante. Le Mac devenait **Mac Plus**, ses disquettes passaient à 800K, sa mémoire centrale à 1024K, c'est-à-dire un méga-octet. Enfin, une sortie s'ajoutait au dos du nouvel appareil : la **S.C.S.I.**, prononcez *skuzi*, sur laquelle nous allons revenir dans quelques lignes. Mac+ est toujours fabriqué, avec une évolution remarquée cependant : il est passé de la couleur beige au platinium + ; à part cela, il n'a rien perdu de son attrait. Ajoutons que le passage des premiers modèles au nouveau s'est fait en douceur, avec la possibilité offerte aux anciens de transformer leur 128 ou leur 512 en Mac Plus. D'ailleurs, ce passage est encore praticable moyennant un prix raisonnable.

C'est en avril 87 que la nouvelle génération fut présentée au monde ; elle comprend deux membres.

Primo le **Macintosh SE**, comme System Extend. Son aspect est légèrement différent, son organisation interne a été retravaillée, mais en gros, il est à considérer comme un super Mac Plus. La première différence est qu'il possède deux emplacements pour lecteurs internes. On peut y placer deux lecteurs de disquettes de 800K, ou un lecteur de disquettes et un disque dur. En cette matière, Apple offre une capacité minimum de 20 mégas. La seconde différence marque un bouleversement des concepts ; alors que les Mac précédents étaient clos avec soin, le SE porte sur son panneau arrière une ouverture, un **slot** en jargon. Dans cet emplacement il est possible de glisser une carte supplémentaire, qui *étend* le système et modifie ses caractéristiques.

Secundo le **Mac II**, qui a fait une entrée fracassante dans le cercle des micros à hautes performances. Il faut dire qu'il est généreusement pourvu par les fées de Cuppertino. Le processeur central est un 68020, qui a sur le 68000 des aînés l'avantage de faire circuler les informations sur 32 bits, et de les véhiculer nettement plus vite. Il vit en parfaite symbiose avec un 68881, qui fait à sa place tout ce qui est calculs, à une vitesse impressionnante. Et à l'instar du vieux Apple II, encore présent dans toutes les mémoires, il possède **six** emplacements pour les cartes d'extension.

La conclusion de cette histoire en bref est que la machine appelée Macintosh est en fait devenue le centre d'un petit monde, qui contient beaucoup de logiciels, nous venons de le voir, et aussi une quantité appréciable de matériel, que nous allons regarder de plus près.

Imprimantes

Si à l'aube de l'époque Mac le nombre de machines disponibles était dramatiquement réduit, ce n'est plus du tout le cas aujourd'hui. Certaines sociétés tierces proposent des modèles plus ou moins performants ou plus ou moins chers, dont le choix est évidemment laissé à l'appréciation de l'amateur. Bornons-nous à signaler que leur installation ne pose aucun problème. Il suffit de placer dans le dossier système la ressource fournie avec l'appareil. Par exemple, le traitement de texte Word propose des imprimantes non-Apple qu'il se fait fort de piloter avec efficacité. Une fois glissée dans le dossier système, l'icône :

SerialPrinter

est reprise dans les choix possibles à chaque appel de sélecteur.

Mais Apple a aussi fait évoluer ses imprimantes. A l'heure actuelle, trois modèles sont proposés.

LaserWriter

- La LaserWriter NT, qui remplace l'ancienne Laser-Writer, avec des performances comparables.
- La LaserWriter NTX, qui possède un disque dur de 20 mégas, destiné à accueillir encore plus de polices de caractères.
- La LaserWriter SC, qui est un modèle "bas de gamme".

Elles sont toujours basées sur une mécanique capable de placer 12 points par millimètres, mais quelques aspects importants varient. Les modèles NT et NTX sont toujours connectables en réseau AppleTalk, et conti-nuent d'utiliser le langage PostScript pour la descrip-tion des pages. La SC, par contre, est individuelle, et travaille directement avec les routines QuickDraw qui constituent l'âme du graphisme sur Mac.

La qualité d'impression de ces machines est, nous l'avons dit, proche de l'imprimerie professionnelle, sans pouvoir vraiment rivaliser avec elle.

Mais d'autres solutions le peuvent. La société **Varityper** propose un engin baptisé VT600, capable de discerner 24 points par millimètre, soit le double de la résolution d'une laser classique, ou le quadruple si l'on regarde les surfaces.

Et si ce n'est pas assez, Linotronic propose des photocomposeuses qui réalisent des bromures pour machines offset directement à partir d'un Mac, toujours et encore à l'aide du langage PostScript. Ceci confirme, si besoin était, qu'en matière de Publication Assistée par Ordinateur, Mac fait merveille à n'importe quel niveau.

Utilitaires

A côté des grands logiciels, destinés aux tâches nobles, existe un petit nombre de programmes dits : *utilitaires*, entendez par là : dont le but est de remplir quelques tâches ménagères. Nous en avons déjà vu deux exemples: **Font D/A Mover**, qui sert à installer des polices de caractères ou des accessoires de bureau, et **HDBackup**, qui réalise les copies de sécurité.

Ils sont fournis avec les fichiers systèmes, ce qui veut dire qu'a priori vous ne devez pas vous en préoccuper. Mais il faut ajouter que des sociétés tierces réalisent des programmes du même style, avec l'espoir que leur efficacité accrue vous incitera à les acheter. Et certains utilitaires de backup sont vraiment plus pratiques et plus efficaces que celui fourni par le constructeur.

Copies

Autre outil, à la fois dangereux et indispensable : le programme de copie. Dangereux parce qu'il permet de "pirater" un certain nombre de logiciels protégés (non, pas tous!), ce qui est illégal, indispensable parce qu'un certain nombre de fournisseurs de logiciels vous conseillent de l'utiliser pour construire votre disquette de travail. Le plus célèbre d'entre eux est sans conteste **Copy II Mac**, lisez : "copy to Mac", de *Central Point Software*, qui fonctionne à des centaines de milliers d'exemplaires ; ajoutons tout de suite qu'il n'est pas protégé, lui.

Copy II® 7.1

La même société propose un utilitaire qui fait la joie des *bidouilleurs*, terme légèrement péjoratif désignant la version programmante du bricoleur :.

MacTools® 7.1

Mac Tools permet de se promener jusque dans les bits d'une disquette, et d'admirer la manière Mac de les classer. Voici un exemple de description :

```
┌──────────────────────────────────────────────┐
│ ▢ ══════════════ FontDisplay.doc ══════════════ │
├──────────────────────────────────────────────┤
│                                                │
│   File Name:           FontDisplay.doc         │
│   Attributes:          00                      │
│   Filetype:            00                      │
│   Finder Filetype:     574F 5244    WORD       │
│   Finder Creator:      4D41 4341    MACA       │
│   Finder Flags:        0100                    │
│   Finder Location:     0080 0080               │
│   Finder Folder:       0000                    │
│   File Number:         0000 0400               │
│   Data Start Block:    0000         0          │
│   Data Logical Length: 0000 1688    5768       │
│   Data Physical Length:0000 1800    6144       │
│   Rsrc Start Block:    0000         0          │
│   Rsrc Logical Length: 0000 0301    769        │
│   Rsrc Physical Length:0000 0400    1024       │
│   Creation Date:       9A01 3CE7    15.11.85 18:33 │
│   Last Modification:   997D 8ED2    7.08.85 21:23 │
└──────────────────────────────────────────────┘
```

On peut y lire son titre, son type : WORD, pour "document engendré par un traitement de texte", son créateur: MACA, pour Mac Write, sa longueur physique, sa longueur logique, etc. Vous pouvez aussi regarder le contenu du document, en caractères ou en code hexadécimal, et même le modifier, à vos risques et périls, s'entend.

Polices

Les polices de caractères classiques, comme Geneva ou Times, sont également fournies avec les fichiers systèmes. Mais il est possible qu'elles ne vous suffisent pas ; et il faut bien dire qu'avec le graphisme Macintosh, il serait dommage de s'en priver. Deux manières s'offrent à vous pour agrandir votre panoplie. Primo, en acheter; certains spécialistes en proposent des collections remarquables, comme **Adobe**, qui a quelques raisons de connaître le PostScript. Secundo, les faire vous-même ; c'est plus sportif, et parfaitement possible. Par exemple, le programme **Fontastic**, de *Altsys Corp.*, est une sorte de Mac Paint étudié pour cela. Il fait apparaître les caractères un à un dans une fenêtre, en point par point fortement agrandi :

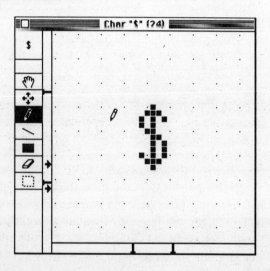

Le crayon, comme on le devine, sert à modifier ou redessiner le caractère affiché.

D'autres programmes manipulent les polices pour imprimantes laser, avec l'inévitable PostScript. Il est sans doute un peu présomptueux de se lancer dans ce genre de définition, à moins que vous ne soyez un graphiste distingué. Mais votre serviteur l'a déjà utilisé, dans des proportions plus modestes : pour ajouter les accents à une police qui n'en possédait pas, ou pour ajouter quelques symboles personnels à la place de caractères non utilisés.

Du matériel

Certaines gens s'en sont allées par monts et par vaux, répétant à tous les échos que la Macintosh est une machine hermétiquement close, incapable de frayer avec du matériel qui ne soit pas marqué d'une . Il est vrai que la boîte des premiers Mac était construite pour ne pas être ouverte ; les choses ont cependant évolué : Mac SE est démontable avec un minimum d'outillage, et il suffit d'un tournevis ordinaire pour admirer l'électronique du Mac II dans sa séduisante nudité.

Mais en fait, il ne nous semble pas que le caractère ouvert d'une machine se juge à la fixation de son couvercle. L'essentiel est de savoir ce qu'il est possible de lui connecter, et vu sous cet angle, notre héros est d'une sociabilité hors du commun.

Sur les connecteurs DIN du clavier et de la souris on remarquera un petit dessin comme ceci :

Il signifie que les *organes d'entrée* communiquent avec l'unité centrale au moyen d'un **bus**, L'Apple Desktop Bus. Concrètement, cela implique que pour construire un appareil destiné à entrer des données, il suffit de respecter les normes de fonctionnement de ce bus. C'est la raison pour laquelle il est si facile de remplacer un clavier QWERTZ par un AZERTY, un cyrillique, un arabe ou un chinois : ces engins envoient simplement des signaux, qu'un programme adéquat décode et envoie à l'intérieur. Ce programme, vous le connaissez : son icône figure dans le tableau de bord sous la rubrique Clavier. Réaliser un autre clavier, ou même un appareil d'entrée de nature différente, est donc parfaitement autorisé, et possible avec un minimum d'étude.

A l'autre bout, du côté des sorties, nous avons vu qu'il existe deux connecteurs sériels, un connecteur pour lecteur de disquettes externe, et à partir du Mac Plus, un connecteur S.C.S.I. Ce sigle remplace: Small Computer System Interface ; il signifie à l'évidence une norme pour petit ordinateur, et qui plus est, une norme industrielle, indépendante de Apple. En schéma :

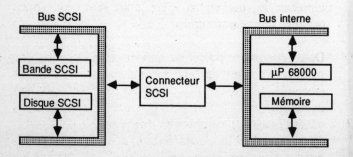

Sans entrer dans les détails, disons qu'elle permet de définir des échanges rapides entre un ordinateur et une suite d'appareils connectés en bus à l'extérieur du système.

Si on ajoute à cela les deux sorties sérielles, le gestionnaire AppleTalk, l'entrée du lecteur de disquettes, et pour le SE, l'accès au bus interne, on ne s'étonnera pas de voir des légions de périphériques en tout genre graviter autour de Mac. Voyons-en quelques-uns

Mémoires externes

Pour commencer, rappelons-nous que le S.C.S.I. a pour utilité première de pouvoir ajouter des mémoires externes. On peut, grâce à lui, connecter **plusieurs** disques durs ; il suffit que chacun d'eux porte un numéro différent, numéro d'ailleurs modifiable à volonté. Retenons simplement qu'à la mise en route ils sont examinés dans l'ordre impliqué par cette numérotation, et qu'il est donc interdit d'attribuer le même à deux appareils distincts. De plus, si un des lecteurs de disquettes contient un dossier système, c'est lui qui prendra la direction des opérations. C'est là un petit détail, mais qui peut venir à point en cas de blocage d'un disque.

Dans cette chaîne peut figurer un lecteur de cassettes, ce genre de cassettes que nous avons déjà évoqué. En principe, elles ne servent qu'à constituer des mémorisations de sécurité, mais les logiciels de gestion de ces lecteurs ont fait beaucoup de progrès : il est possible de s'en servir comme d'un support ordinaire, avec un contenu décrit par des icônes et un accès par les clic-clic habituels.

Enfin, le créneau le plus prometteur en matière de mémoires de grande capacité est le *disque à lecture laser*. La littérature américaine leur attribue le nom de CD-ROM, comme Compact Disk-Read Only Memory, et la tendance actuelle est de les utiliser là ou d'énormes quantités d'informations doivent être lues souvent, mais peu ou pas modifiées : encyclopédies, stocks, filmothèques, etc.

Les progrès actuels amèneront peut-être le disque compact réinscriptible, mais pour l'instant ils sont encore du type WORM : Write Once Read Many.

Signalons par ailleurs que le principe de la lecture par rayon laser n'est pas aussi neuf qu'on le croit souvent : il était déjà au point en 1973, et utilisé sur des disques de 30 cm, capables de contenir 54 000 images fixes, ou 20 minutes d'images animées, le tout avec sonorisation en haute fidélité (ben voyons!).

Comme ces procédés de mémorisation sont techniquement au point, la lenteur de leur diffusion peut surprendre. Il faut savoir que dans ce domaine aussi, le problème crucial est celui du logiciel, plutôt que du matériel. A quoi sert de stocker des milliards d'informations s'il n'existe pas de moyen pratique de les exploiter ? Eh bien, précisément, le logiciel capable de faire cela avec souplesse et efficacité existe à présent : il s'appelle **HyperCard**, et nous l'avons évoqué au chapitre précédent. Comme son autre caractéristique est d'être distribué pour presque rien, nous ne pouvons qu'encourager vivement lectrices et lecteurs à s'y initier le plus vite possible.

Cartes additionnelles

Malgré sa boîte difficile à ouvrir, le Mac Plus a déjà une mémoire interne extensible : le mégaoctet de RAM est placé sur une petite carte glissée de biais sur la carte principale, et il est possible de la remplacer par une autre, de deux ou quatre mégas.

Mais il y a mieux. Le slot d'extension du SE étant fait pour accueillir des cartes additionnelles, certains constructeurs s'en sont donné à coeur joie. C'est ainsi que l'on trouve sur le marché plusieurs dizaines de cartes en tous genres. Par exemple, la carte **Radius** contient un microprocesseur 68020, un coprocesseur arithmétique 68881, une mémoire cache rapide de 32K. Avec tout ce silicium en plus, un Mac SE ordinaire atteint les performances d'un mini-ordinateur d'il y a dix ans! C'est là ce que l'on appelle une *carte accélératrice*, et l'on comprendra pourquoi.

Pour de longs calculs ou la gestion de grandes quantités de données, accélérer est indispensable. Mais pour d'autres tâches, comme le traitement de texte ou la mise en page, l'important est ailleurs. Il est en effet bien plus pratique d'avoir un *grand écran*, capable d'afficher côte à côte deux pages de format quarto. C'est parfaitement possible, à condition de placer dans le slot la carte vidéo prévue pour piloter un tel écran. Il en existe aussi un certain nombre, en particulier ceux produits par Radius, et qui sont pilotés eux aussi par la carte citée ci-dessus. L'écran d'un Mac affiche 512x342 points, et les grands écrans font facilement le double sur chaque dimension : 1024x1024 environ.

Autres entrées

Un autre appareil est devenu le complément (presque) indispensable du traitement de texte ou d'image : le **scanner**. Son principe est bien connu : transformer une image, provenant d'une quelconque feuille de papier, en image disponible sur l'écran ; c'est un peu comme une photocopieuse, à ceci près que l'image n'est pas recopiée sur un autre papier, mais dans une mémoire.

On l'utilise pour produire des photos à coller dans un texte, ou aussi pour produire une esquisse. **Adobe Illustrator,** par exemple, permet de placer sur un document, mais en arrière-plan, une image numérisée. Les outils du logiciel peuvent alors suivre et affiner les contours du modèle. On peut encore aller plus loin : faire suivre la numérisation d'un texte par l'action d'un programme de reconnaissance des caractères, qui rend le texte disponible comme s'il avait été tapé au clavier.

Pour les dessins techniques de grand format, une autre approche est possible : disposer l'original sur une surface spéciale, et repérer les points importants à l'aide d'une super-souris : une loupe à glisser sur la table, munie d'un réticule pour obtenir un maximum de précision, et d'un bouton pour imiter l'animal cliquant que vous connaissez. Cela s'appelle une *table à numériser*, ou encore à *digitaliser*.

Un essai a été tenté pour se passer complètement du clavier : une table reconnaissant l'écriture manuscrite en temps réel. Vous écrivez, et votre texte s'écrit en même temps sur l'écran, dans la police de votre choix. La vidéo aussi est mise à contribution. Des cartes spéciales peuvent transformer Mac en capteur d'images, et transformer les signaux produits par une caméra en image numérique.

Autres sorties

L'imprimante est sans doute l'instrument de sortie le plus utilisé, mais il en existe d'autres. Pour le dessin technique, l'outil le plus demandé est la **table traçante**, ou plotter en anglais. Elle remplace avantageusement le tire-ligne de nos aïeux, aussi bien par sa vitesse que par sa précision. Mac Draw n'a pas été pensé pour piloter une telle table, mais **MicroSpot** a compensé cette lacune en écrivant *Mac Plot*, qui capture les dessins pour en faire des tracés.

MACPLOT.1

Nous avons évoqué au chapitre précédent les programmes sonores. En plus de tous les connecteurs de signaux, Mac possède une sortie sonore, marquée d'une croche. Cela permet d'envoyer les sons vers des haut-parleurs de bonne taille, ce qui donne évidemment de meilleurs résultats que le petit appareil placé pour faire bip-bip. Mais on a poussé les choses plus loin. Il est possible de connecter à Mac des *synthétiseurs*, et de transformer notre ordinateur préféré en contrôleur de studio, avec des performances que ne dédaignent pas les professionnels du son.

Communications

Modems

Les signaux qui circulent à l'intérieur d'un ordinateur sont rapides et efficaces, mais hélas bien incapables de couvrir de longs trajets. D'autant moins que pour ce faire il est d'usage d'emprunter le réseau téléphonique, qui lui-même a comme caractéristique de "raboter" les signaux qu'il transmet.

C'est pourquoi les transmissions à longue distance utilisent une technique assez particulière, qui fait penser à la radio. Les signaux sont d'abord transformés en modulations d'une onde porteuse, onde choisie de manière à ne pas souffrir des normes téléphoniques, puis envoyées sur les lignes de la même manière que le joyeux babil d'un abonné ; le destinataire réceptionne ces signaux en les débarrassant de la porteuse, et les retransforme en bits ordinaires.

Il y a donc une **modulation** suivie d'une **démodulation** ; l'appareil qui se charge de ces opérations s'appelle tout naturellement **modem**. Il est un peu la *voix* d'un ordinateur, de tous les ordinateurs, s'entend. Et c'est précisément parce que tous les ordinateurs sont capables d'utiliser cette voix qu'il leur est possible de communiquer. Bien sûr, derrière les appareils il faut, comme toujours un programme. Par exemple, celui de Scott Watson :

Red Ryder

Avec **Red Ryder** vous pouvez entrer en communication avec presque tous les ordinateurs, pour autant qu'ils en aient envie. Par exemple, il se trouve quelque part en France et quelque part aux Etats-Unis des ordinateurs qui attendent vos appels.

Le français est celui de **Calvacom**, l'américain est celui de **Compuserve**. Ces deux sociétés sont des fournisseurs d'informations, qui ont en plus un club d'échanges spécialisé dans les Macintosh. Elles proposent, entre beaucoup d'autres choses, des programmes gratuits qu'il suffit de télécharger et de convertir, à l'aide d'utilitaires comme :

BinHex5.0

Réseaux locaux

Echanger des informations n'est donc pas très difficile ; ce qui l'est nettement plus, par contre, est de *travailler ensemble*. Si l'on imagine un site sur lequel une dizaine de Mac travaillent côte à côte, il serait dommage de ne pas pouvoir mettre en commun ne fût-ce qu'une partie de ce que contiennent leurs disques durs.

Pour cela il faut utiliser un programme spécial, construit pour donner à un Mac l'illusion que le disque de son voisin est un peu le sien, qu'il peut y ouvrir un dossier, lancer une application, etc. Nous disons *programme*, parce que la partie matérielle, entendez : les connecteurs et les circuits de communication, est déjà présente dans tous les Mac : c'est AppleTalk, encore lui. Pour réaliser ce qui vient d'être décrit, il suffit donc de faire tourner un logiciel capable d'utiliser ce matériel.

Quelques sociétés tierces ont créé de tels logiciels, comme **Centram Software** avec **Tops**.

Tops

Ce qu'il a d'original est qu'il tourne aussi sur les "PC et compatibles" ; à ces appareils là, bien sûr, il faut ajouter une carte pour leur donner un petit sentiment d'appartenance au monde Apple, c'est-à-dire la compréhension des signaux d'AppleTalk.

Une autre solution est celle proposée par **3Com** ; elle consiste à connecter PC et Mac sur un disque dur commun contenant les logiciels de communication. Le disque en question porte généralement le nom de **serveur**.

Mais comme bien l'on pense, Apple propose aussi *sa* solution : elle s'appelle **AppleShare**.

AppleShare Prep

AppleShare

Elle ne comporte qu'un inconvénient, qu'il vaut mieux citer tout de suite : AppleShare nécesite un Mac tout entier pour *gérer* le réseau ; cela en augmente le coût, évidemment, mais le jeu en vaut la chandelle. Car chaque disque connecté à l'un quelconque des postes du réseau devient utilisable par tous les autres, avec toutes les subtilités nécessaires : mots de passe, dossiers publics, accès restreint, messagerie, etc.

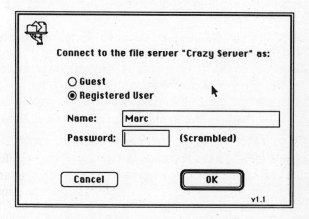

En particulier, le gestionnaire se charge de surveiller les travaux d'impression.

Le sélecteur du menu contient en plus des options habituelles le plateau du serveur. Son choix rendra les imprimantes pratiquement transparentes : le temps d'envoyer à ce serveur les fichiers à imprimer, et notre machine redevient disponible, la suite étant laissée aux bons soins d'AppleShare. Notons encore que l'état d'avancement des travaux d'impression est affiché en permanence sur l'écran du gestionnaire de réseau.

Connectivité

Ce n'est pas tout. Un réseau AppleTalk contient au maximum trente-deux appareils, qui ne peuvent pas être très éloignés les uns des autres. Pour sauter cette limitation, on peut interconnecter deux réseaux avec une sorte de pont. Par exemple, **InterTalk** de *P-Ingénierie* peut effectuer ce lien entre deux zones distantes d'un maximum de 500m.

Pour relier des zones plus éloignées, il faut en revenir aux principes de télécommunication, et utiliser un modem. A ce propos, il existe des logiciels qui se contentent d'un seul modem pour tout un réseau AppleShare, et permettent à deux tels réseaux de se parler comme s'ils étaient côte à côte.

Enfin, last but not least, pratiquement tous les ordinateurs de taille moyenne, et même un certain nombre de mainframes, acceptent de considérer un Mac comme un terminal. Il suffit pour cela de faire tourner sur le Mac un programme qui fasse croire à l'autre qu'il communique avec un terminal ordinaire ; cela s'appelle un programme d'**émulation**. Notre héros peut émuler un Bull DPS, un IBM, et bien d'autres encore. En particulier, Mac entretient les meilleures relation qui soient avec les membres d'une famille prestigieuse, les **VAX**, de **Digital Equipment**. Il vaut la peine d'insister sur ce point, car ces relations vont nettement plus loin qu'avec les autres, pour la bonne raison que Apple et Digital ont signé des accords de coopération technique. Il en est sorti, par exemple, un logiciel appelé **Alisa-Talk**, réalisé par **Alisa Systems**, et qui amène pratiquement un utilisateur Mac à considérer un VAX comme une extension *naturelle* de sa machine, naturelle mais intelligente, faut-il le préciser.

Et dans la foulée, signalons encore que **Gnosis** a réalisé une sorte de synthèse entre les aspects les plus performants de trois mondes :

- un stock de pièces détachées est organisé en base de données dans un VAX
- l'accès à cette base se fait par un Mac au travers de HyperCard ou 4e Dimension
- la communication entre les deux appareils est réalisée par une connexion de type Ethernet.

En résumé...

... il nous suffira de dire qu'autour de Mac presque tout existe, et qu'avec Mac presque tout est possible, sauf de ne rien faire, cela va de soi.

🙿 🙿 🙿

Macintosh II

Vu de l'extérieur, le Macintosh II est très différent de ses aînés : une grande boîte, à laquelle tout le reste est à connecter. Et pourtant, pour l'utilisateur il n'y a pas grand-chose qui change : l'icône règne en maître sur l'écran, elle se manie avec le pointeur qui se manie avec la souris qui se manie avec une main et un index, bref, aucun dépaysement dans la méthode de travail. La plupart des outils de l'environnement Mac simple restent utilisables : disques durs, imprimantes, cables Apple-Talk, etc.

La boîte elle-même, nous le signalions au chapitre précédent s'ouvre en démontant une seule vis, pas bien difficile à trouver, ce qui est déjà une modification majeure. Un nouveau lecteur ou une carte additionnelle s'y montent en quelques secondes ; en principe ce travail est réservé aux spécialistes, mais il est rassurant de savoir que tout est fait pour le rendre simple.

NuBus

Dans la boîte, dans l'*unité centrale*, pour lui donner un nom plus noble, un changement majeur a été apporté. Pour en comprendre la portée, il faut tourner son regard du côté des emplacements réservés aux cartes d'extension, aux *slots*, qui sont six comme nous l'avons déjà dit. Il tombe sous le sens en effet, que les rôles attribués à chaque broche doivent être parfaitement déterminés. Dans un PC cela donne : broches A2 à A9 pour les données, broches A11 à A31 pour les adresses, etc ; une telle définition est totalement passive. Dans Mac II, un système raffiné a été implanté, qui *reconnaît* les cartes glissées dans les slots, *note* leurs attributions, et les *intègre* au système.

Reddite ergo quae sunt Caesaris, Caesari... rendons ses
pièces d'or à César et son bus à **Texas Instruments**,
qui l'a fait étudier pour ses minis par le Massachussets
Institute of Technology. NuBus n'est pas une invention
d'Apple ; son choix est celui d'une norme industrielle
située dans le haut de gamme, qui donne à Mac II une
chance supplémentaire d'intégration dans le monde des
appareils à hautes performances.

Une conséquence un peu déroutante de cette organisation est le fait que notre II est proposé *sans moniteur*: il
est optionnel comme tout le reste, à part l'unité de base.
Apple propose bien deux moniteurs, un monochrome et
un couleurs, mais rien n'oblige qui que ce soit à prendre
ceux-là plutôt qu'un autre, parmi les dizaines qui sont
disponibles sur le marché. Le premier travail d'installation est donc d'ouvrir l'unité centrale et d'y placer la
carte fournie avec le moniteur choisi.

La définition de ces écrans est tout à fait variable, et
dépend de la quantité de mémoire que l'utilisateur est
prêt à y consacrer, de même que du budget dont il dis-
pose. A titre d'exemple, le moniteur couleurs d'Apple
fait 640x480 points. La seule limitation en la matière est
celle de la palette de couleurs : elles se définissent sur 24
bits au plus, ce qui interdit d'en utiliser plus de...
16.277.216 ! Les amateurs du nuances subtiles ne se
sentiront pas trop frustrés.

Un autre sujet d'étonnement est que rien n'interdit à
NuBus de gérer *plusieurs* moniteurs. Tant qu'il y a des

slots disponibles, on peut en ajouter ; le système opératoire de Mac les intègre sans problème. Il permet de
préciser dans le tableau de bord si l'on désire placer ces
écrans côte à côte, l'un au-dessus de l'autre... et de réaliser de la sorte un *mur vidéo*, où le curseur passe de
l'un à l'autre comme s'ils étaient dans le même boîtier.

Ces slots ne sont évidemment pas réservés à ce genre de
choses. Les cartes auxquelles nous avons fait allusion
dans le chapitre 12 existent aussi pour le Mac II : mo-
dems intégrés, cartes accélératrices, cartes de communication, interfaces musicales, connecteurs vidéo, con-
vertisseurs numérique/analogique,...on en trouve pour
toutes les sortes d'applications, et le foisonnement ne
fait sans doute que commencer. En particulier, signalons que **AST** propose une carte contenant un microprocesseur Intel, et qui a pour effet de simuler le fonctionnement d'un PC, vous savez, bien, ceux construits
par une société toute de bleu revêtue, dont le nom commence par I et finit par M (mais si, en trois lettres, avec
un B au milieu). L'heureux possesseur de cet additif
peut ouvrir une fenêtre PC et y faire fonctionner n'importe quel programme de cette gamme, tout en gardant
à l'écran les fenêtres dans lesquels tournent les logiciels
Apple.

Applications

Tout cela est bel et bien, mais le lecteur avisé se pose
sans doute une bonne question : tous ces raffinements
servent-ils à quelque chose ?

Rassurez-vous, bonnes gens, ils sont on ne peut plus uti-

les. Car malgré toute l'estime que l'on peut porter à
Mac Plus ou Mac SE, il faut reconnaître que certaines
applications les poussent au-delà de leurs limites. C'est
la cas, par exemple, des logiciels de Conception Assistée par Ordinateur, de CAO en bref. Pour voir de quoi
il s'agit, prenons quelques exemples. Avec tout le res-
pect qui leur est dû, disons que Mac Draw ou Illustrator
ne sont pas fait pour le dessin technique. Un programme
comme **Versacad** :

Versacad

est, par contre, construit pour cela, et produit sans
grandes difficultés les formes les plus compliquées,
avec hachures, traits de cotation, etc.

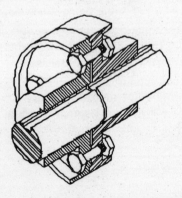

Il dialogue avec l'utilisateur d'une manière simple, mais
peu conforme aux habitudes Mac. Un autre logiciel est,
par contre tout à fait Mac, et tout aussi technique :

Jonathan

Dans un autre domaine, **Architrion**, de *Giméor*, est fait comme son nom l'indique pour aider les architectes dans tous leurs travaux : conception, perspectives, plans, cahiers des charges, etc.

Changeons encore de créneau, pour constater que dans l'électronique l'aide au concepteur est poussée très loin. Par exemple, les produits **Douglas** permettent de dessiner des schémas à partir d'une bibliothèque de symboles :

Schematic Designer

puis d'implanter les circuits sur une carte en étudiant les meilleurs tracés :

AutoRouter

puis de dessiner la carte destinée à porter les circuits en question :

Professional Layout

En guise de conclusion

Le Macintosh II est construit dans la tradition Mac en lui apportant un nombre important de perfectionnements. Ces quelques lignes ne sont certes pas destinées à épuiser le sujet, mais à montrer que ce nouveau compagnon mérite un livre à lui tout seul.

D'autre part, il semble clair que cette machine est au début de son développement, ce qui sous-entend que l'avenir nous réserve encore bien des sujets d'émerveillement.

C'est pourquoi notre dernier mot sera une fois de plus :

... à suivre.

I'm a poor, lonesome computer...

IMPRIMÉ EN FRANCE PAR BRODARD ET TAUPIN
6674-5 - Usine de La Flèche (Sarthe), le 05-07-1988.

pour le compte des
Nouvelles Editions Marabout
D.L. juillet 1988/0099/158
ISBN 2-501-01044-2